CRYSTALLARY
크리스털 오라클

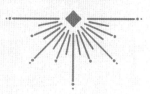

CRYSTALLARY

크리스털 오라클

36가지 신비로운 보석과
광물이 전하는 조언들

마이아 톨 지음 | 케이트 오하라 그림

한스미디어

침묵하는 듯하지만,

고요 속에서 진정으로 노래하는 돌들에,

그리고 열과 압력을 기울여

제게 보석처럼 빛나는 법을 깨닫게 해주신 부모님께

이 책을 바칩니다.

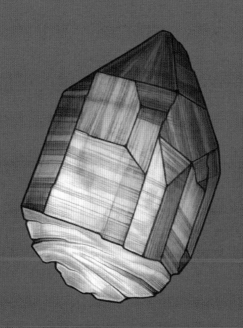

CONTENTS

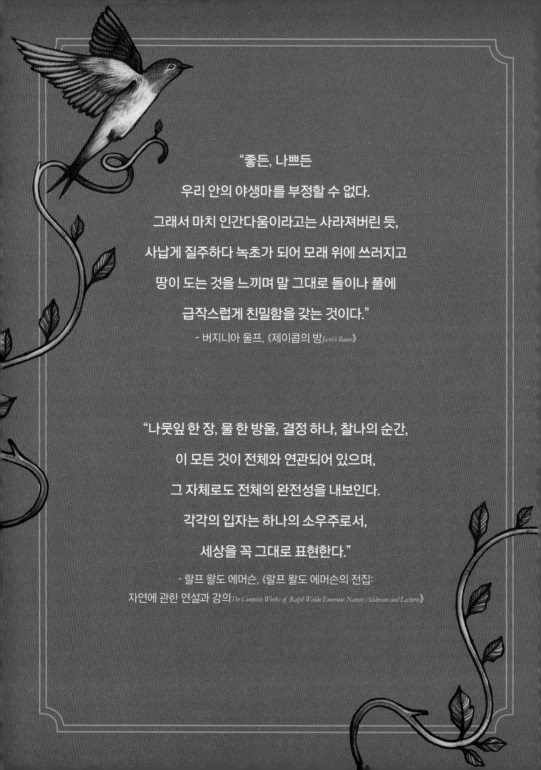

"좋든, 나쁘든

우리 안의 야생마를 부정할 수 없다.

그래서 마치 인간다움이라고는 사라져버린 듯,

사납게 질주하다 녹초가 되어 모래 위에 쓰러지고

땅이 도는 것을 느끼며 말 그대로 돌이나 풀에

급작스럽게 친밀함을 갖는 것이다."

- 버지니아 울프, 《제이콥의 방 *Jacob's Room*》

"나뭇잎 한 장, 물 한 방울, 결정 하나, 찰나의 순간,

이 모든 것이 전체와 연관되어 있으며,

그 자체로도 전체의 완전성을 내보인다.

각각의 입자는 하나의 소우주로서,

세상을 꼭 그대로 표현한다."

- 랄프 왈도 에머슨, 《랄프 왈도 에머슨의 전집:

자연에 관한 연설과 강의 *The Complete Works of Ralph Waldo Emerson: Nature Addresses and Lectures*》

••••글을 시작하며••••

주차장이 눈에 띄지 않아서 대충 어디에나 흔하게 보이는 목장 울타리 옆 길가에 차를 세웠습니다. 우리가 이 특별한 스톤 서클을 찾아올 때마다 저는 과연 여길 혼자서도 찾아올 수 있을까 하는 의문이 들었죠. 차 문을 열고 산 사나무 옆, 흙길을 오르기 시작하자마자, 제 스승의 존재가 피부에 스미는 마법의 열쇠인 것처럼 느껴졌습니다. 우리보다 앞서 있던 소들이 땅을 약간 휘저어 놨더군요. 우리는 소똥을 조심하며 스톤 서클의 동편에 이르렀고, 잠시 그 자리에 멈춰 서서 이곳의 고요함을 우리의 숨결과 뼛속에 담았습니다. 이 무언의 순간, 우리는 각각의 삶의 공간을 의도적으로 벗어나 신석기 시대 유적 지에 배어 있는 무한함 속으로 발을 내디뎠어요. 이 멈춤의 순간, 그리고 이 호흡이 인사 의식의 시작인 거죠. 그런 다음 마치 *일어나라! 우리가 너희를 만나러 왔노라,* 하고 말하듯 스톤 서클의 화강암 표면에 손가락을 대고 끌며, 시계 방향으로 걸었습니다. 인사를 마치고 나면, 스승과 저는 각자 흩어져서 해가 뉘엿뉘엿 저물거나 소나기에 차로 몸을 피하게 될 때까지 나무와, 그리고 바위 와 소통했습니다.

그 기나긴 오후 시간 동안, 저는 햇볕에 따스하게 데워진 돌을 찾아 그 온 기에 등을 바싹 기대고는 했어요. 그곳에서 쉬며 매우 낯선 공상에 잠겨 별의 움직임에 대해 혼잣말을 하거나, 시간의 본질에 관한 대화를 나누기도 했죠. 새로운 징조가 스치듯 떠오르면, 그 모든 것을 훗날 묵상하기 위해 적어놓고 는 했습니다.

집으로 돌아와 이 메모들을 살펴보면, 어떻게 제 생각이 양자물리학에 의 해 이제 막 발견되기 시작한 포털과 은하를 지나 이렇게 두서없이 뻗어나갔는 지 참 의아했어요. 이런 공상들은 평소 제가 세상을 보던 시선과는 다르게 느 껴졌고, 그 생각에서 비롯된 목소리는 제가 직접 꾼 꿈보다 더 깊이 울리는 듯

했습니다. 마치 스톤 서클에 서 있는 돌들이 저를 통해 꿈을 꾸거나 제게 환
상을 보여주는 것 같았고, 그러면서 제게는 돌들(암석과 결정들도)이 다르게 보
이기 시작했습니다. 저는 돌을 스승으로 여기기 시작했고, 제가 조용해질수록
돌의 속삭임은 점점 커졌습니다. 이런 깨달음을 얻은 뒤, 멘토(사람)에 대한 갈
증이 줄어들었고, 저는 주변을 둘러싼 자연으로부터 가르침을 받게 되었죠.

　돌은 참 구하기가 쉬워요. 바깥을 산책하며 땅을 뒤적여 찾거나, 그냥 개울
에서 건져 내거나, 동네의 수석 가게를 방문해서 옆의 돌들보다 조금 더 밝게
빛나는 것 같은 느낌이 드는 것을 구입하세요. 이것이 첫걸음입니다. 그리고…
혹여 선반 위에 그대로 올려두고 잊어버린다면 마지막 걸음이기도 하겠죠. 하
지만 만약 당신이 이 순간을 새로운 관계의 시작으로 여긴다면, 조용히 귀 기
울인다면(귀로만 들으려 하는 것이 아니라 당신이라는 존재 전체로 그 목소릴 듣고자 한
다면), 결이 완전히 다른 지식이 드러나기 시작할 것입니다.

　당신에게도 깊은 인연이 닿길 바라며,

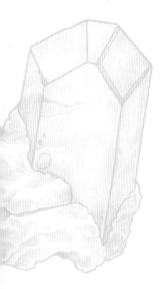

마이아

Maia

••••● 서문 ●•••

국토를 횡단하는 장거리 여행을 결심하는 사람들 대부분이 그렇듯, 저 역시도 감정의 응어리에 짓눌린 상태로 길을 떠났습니다. 장난삼아 연애하고 쉽게 약속하면서도 다른 누군가와의 결혼 관계는 계속 유지하고 싶어 하던 한 유부남에게서 벗어나려는 의도가 크기도 했죠. 몇 주를 길에서 홀로 보내는 동안 아픔과 배신감으로 생긴 상처를 한 겹 한 겹 벗겨나갔습니다. 그리고 사막에서의 어느 날 오후, 불현듯 제가 최악의 상황을 스스로 헤쳐 나왔다는 걸느낄 수 있었습니다. 이제는 앞으로 나아가야 할 때였죠.

샌타페이에서 눈꽃 흑요석*Snowflake Obsidian*을 주웠습니다. 어찌 보면 까마귀 같은 반들거리는 까만 바탕에 하얀 눈꽃이 내려앉은 듯한 돌의 표면이 눈길을 끌었죠. 북쪽의 뉴멕시코의 주 경계를 향해 차를 몰고 달리면서, 돌을 손가락으로 빙글빙글 돌리며 매끄럽고 시원한 촉감을 즐겼습니다. 사실 눈앞에 펼쳐진 길은 여름의 열기 속에 나른했어요. 저는 딱히 스케줄이 있던 건 아니지만, 그럼에도 긴장을 풀 수가 없었습니다. 그리고 호흡이 점점 거칠어지는 게 느껴졌었죠. 하지만 돌을 한참 만지다 보니, 점점 호흡에 힘이 생겼습니다. 마치 제 안의 무언가가 분출될 길을 찾으며 숨을 쉴 때마다 위로 올라오는 것 같았어요. 눈꽃 흑요석이 제 손바닥에 착 달라붙는 느낌이 들었죠. 마치 이 돌이 제게 활기를 불어넣고, 저라는 존재의 분자에서 상처 입은 부분들을 짜내어 푸른 하늘로 날려버리는 것 같은 묘한 기분이 들었습니다.

이런 순간은 꿈결 같죠. 하지만 신비로운 것들을 묘사할 만한 표현이 충분하지 않기에 이러한 이야기는 터무니없이 들리거나 다시 그 얘기를 꺼냈을 때그 느낌이 희석되기도 해요. 이후 저는 눈꽃 흑요석 같은 광물도 다루는 전통동양의학 분야를 알게 되었고, 매우 호기심이 생겼습니다. 아마 이런 분야를 배우게 된다면 돌이나 광물의 결정에 대해 그저 반짝이는 물질이라고 말하는 것 이상의 표현 방법을 얻게 되겠죠. 식물과 동물이 우리의 육체와 영혼에 약이 될 수 있는 것처럼 광물의 결정 또한 '약'으로 볼 수 있는 타당성을 찾을지도 모릅니다.

돌의 영양분

약국에 가면, 연구실에서 정제해 간편하게 캡슐에 넣은 비타민이나 미네랄 병을 구매할 수 있습니다. 하지만 늘 그래왔던 것은 아니죠. 예부터 치료사들은 인체에 광물성 영양분이 필요하다는 것을 알고 있었지만, 그때는 이런 성분들이 캡슐 형태로 시판되지 않았습니다. 정제되지 않은 채로, 흙 속에 함유되어 있었어요. 우리는 동식물을 먹음으로써 그 양분을 간접적으로 섭취했습니다. 흙 속의 미네랄은 식물에 영양을 공급하고, 식물은 다시 인간을 포함한 동물들에게 양분을 전달했죠. 고대의 치료사들은 식물이 미네랄을 흡수하는 단계를 건너뛰고 암석이나 결정을 직접 사용할 수 있을지 알아보기로 했습니다. 아시아에서는 약용 식물의 사용을 보완할 광물성 약재가 만들어졌죠. 실제로 미네랄이 식물에 영양을 공급하기 때문에 돌은 중요한 약으로 간주되었거든요.

다음은 우리의 마음을 울리는 강렬한 돌의 노래를 이해하는 데 도움이 될 몇 가지 원리입니다.

- 광물은 지구 내부의 다양한 층에서 형성됩니다. 지표면 바로 아래의 맨틀에서 만들어지기도, 지구의 핵에서 만들어지기도 하죠. 더 깊은 곳에서 만들어진 돌일수록 우리의 육체와 정신에 더 깊이 이를 수 있습니다. 이러한 원리에 따라 지표면에서 자라는 식물은 보통 인체의 피부를 치료하는 데에, 광물성 약재는 더 깊숙한 체내의 문제에 사용되었죠.
- 돌과 결정의 단단한 정도는 다양합니다. 이것을 모스 굳기계라고 해요.

무른 돌은 빠르게 작용하고, 단단한 돌은 더 오랜 시간에 걸쳐 더 고질적인 문제에 효과를 보입니다.

- 결정도 우리 인간처럼 성장하고 변화합니다. 고대의 도교는 벽옥과 마노가 변화의 과정에서 여러 색의 줄무늬를 가지다가 그 과정을 마치면 단색의 옥이 된다고 가르칩니다(그래서 옥은 자아실현의 의미를 지닌 돌로 간주돼요). 결정 또한 자라고 변화한다는 원리를 깨달으면, 그것과 더 깊은 유대를 가지게 됩니다. 우리는 광물이 형태와 생장 습성에서 이겨내야 했던 물리적 장애와 표면의 손상을 눈으로 볼 수 있습니다.
- 결정 내부에 함유된 갖가지 화학 성분들(구리, 마그네슘 등)은 인체 내의 다양한 장기에 유용한 영양분이 됩니다. 예를 들면 유황은 중독 치료에 도움이 되기도 하고 간과 신장의 기능에 필요하죠. 리튬은 신경계에 진정 작용을 하며 뇌 기능을 돕습니다.
- 대다수의 오래된 전통 치료법에서, 우리 몸의 각 기관은 돌과 관련된 감정적, 정신적 상태를 보인다고 생각했습니다. 그렇기에 당신이 돌에 함유된 미량 영양소와 그것이 어떤 장기와 체내 시스템에 도움이 되는지 깨닫게 된다면, 돌이 지닐 수 있는 감정적, 정신적 영향을 이해할 수 있을 것입니다.

돌의 노래

그렇다면 현미경이나 분광기가 없는 고대인들이 결정 속에 함유된 미량 영양소의 종류를 어떻게 알 수 있었을까요? 화학 성분을 이해하는 핵심은 색깔이었습니다. 심장이나 혈액에 중대한 영향을 미치는 것으로 여겨지는 돌은 대부분 불그스름한 색을 띠었죠. 이 색깔은 혈액을 생성하고 돌과 결정이 붉은 톤을 띠게 하는 철 때문에 나타난 결과일 수도 있습니다. 하지만 붉은 돌이라 해서 모두 철을 함유하는 것도 아니고, 모든 돌이 사용하기에 안전한 것도 아니죠. 그러므로 이걸 완전하고 완벽한 체계가 아니라, 시작점으로 봐야 합니다. 전통적인 가르침과 현대 과학(기술자들은 이 결정들을 활용해 휴대폰부터 수중 음파 탐지기, LED 조명 등을 만들어냈죠)을 통해 밝혀진 결정의 성질을 짝짓다 보면, 그 결정이 그저 반짝이는 물질인 것만은 아니라는 생각이 들 것입니다. 우리는 마음으로 돌의 노래를 들을 수 있지만, 우리가 직감적으로 아는 것을 머리로 이해하기 위해서는 화학, 물리학, 전기공학 분야에서 고급 학위를 받아야 할지도 모릅니다.

저는 현대 과학과 신비주의, 고대 전통과 (전통적인 동양 의학의 가지인) 도교적 광물 의학을 돌의 노래와 조화시켜 이 책을 만들었습니다. 광물 의학에 대해 더 알고 싶다면, 책 뒤편의 참고 자료 부분을 살펴보세요.

책 활용 방법

초자연력이 깃든 돌들에 대한 이 책의 소개를 통해 당신은 그 배합들을 알게 될 것입니다. 돌이 건네는 이야기를 이해하기 위해 다른 상징물들을 이용하기도 하겠지만, 여기서는 돌들이 카드를 통해 모습을 드러내기 때문에 그 기운을 금방 알아차릴 수 있을 거예요.

책에서 영감을 받고 그것을 견고히 하세요. 각각의 페이지에는 당신이 마음의 문을 열고 돌의 노래를 들을 때 그 기운에 더 깊이 이어지도록 도와줄 의식 절차와 설명이 담겨 있습니다. 덱에서 카드를 뽑아 어떤 하루가 펼쳐질지 짐작해 봐도 좋고, 책을 무작위로 펼쳐 당신에게 말을 건네고 싶어 하는 게 어떤 돌인지 알아보거나 처음부터 끝까지 통독하며 이 책에 소개된 돌들과 친해지는 것도 좋습니다.

내리쓰기 *Free Writing*
혹여 어떤 돌과 더 깊이 가까워지기를 바랄 때에는 한번 자유롭게 글을 써

보세요. 펜과 종이, 타이머를 준비해야 합니다.

타이머를 10분으로 맞춰줍니다.

크리스털 오라클카드를 한 장 뽑은 다음, 이렇게 물으세요.

"날 위해 어떤 메시지를 가져왔나요?"

이제 글을 쓰기 시작하세요. 타이머가 끝날 때까지 펜을 멈추면 안 돼요!

이 과정은 의식을 통과해 자신의 직관에 이르는 데에 도움이 됩니다. 보통 처음 몇 분간 쓰는 글에는 중요한 내용이 없겠지만, 그러면서 그 과정에 몰입하게 되죠. 계속 써나가야 해요! 대개는 10분이 다 되어갈 무렵, 당신의 의식이 안심하고 경계를 푸는 그 때가 중요합니다.

꿈, 여행, 혹은 명상

꿈을 꾸거나 여행을 가고, 명상을 할 때 돌을 지녀보세요. 여행을 떠나거나 명상을 하기 전, 혹은 잠자리에 들면서 함께해 달라고 돌에게 의식적으로 청하는 거죠. 돌을 실제로 사용하거나 이 책의 카드를 활용하는 방법으로 자신의 의지를 모으고 정신을 다잡을 수 있습니다.

패턴에 주목하라

각각의 페이지에는 일반적으로 쓰이는 돌의 이름 아래, 라틴어 학명 대신 모스 굳기계에서의 경도를 적어두었습니다. 돌이 단단할수록 더 오랜 시간 동안, 더 고질적인 문제에 효과를 보인다는 점을 잊지 마세요. 모스 굳기계에서 1은 활석처럼 가장 무른 돌을, 10은 다이아몬드처럼 가장 단단한 돌을 나타냅니다. 경도 수치가 높을수록 돌을 다루는 데에 시간도 더 많이 걸리죠.

이 책에 소개되는 돌은 다음과 같습니다. 새로운 돌들을 발견할 때, 그 돌의 계통에 주목한다면 거기에서 공통적으로 보이는 패턴과 유사성을 알 수 있죠.

녹주석_Beryl_ **계열**
- 아콰마린
- 에메랄드
- 모거나이트

강옥_Corundum_ **계열**
- 루비

형석_Fluorite_ **계열**
- 그린 플루오라이트

석영_Quartz_ **계열**
- 자수정
- 홍옥수
- 황수정
- 백수정
- 엘레스티얼 쿼츠
- 가든 쿼츠
- 로즈 쿼츠
- 연수정

운모_Mica_ **계열**
- 레피도라이트

황옥_Topaz_ **계열**
- 블루 토파즈
- 임페리얼 토파즈

전기석_Tourmaline_ **계열**
- 블랙 투르말린

결정과 광물, 보석은 어떻게 다를까요?

결정은 내부에서 원자가 규칙에 따라 반복적으로 배열되는 구조를 지닙니다. 장애물이 없는 공간에서 결정이 자라는 경우, 이러한 구조로 인해 특정 각도에서 결정의 표면들이 서로 만나게 되죠. 그렇기 때문에 정육면체나 사면체처럼 보이는 결정들이 생기는 것입니다. 좁은 공간에서 결정이 자라는 경우, 겉으로는 완벽하게 보이지 않을 수 있지만 그 역시도 내부에는 패턴과 구조를 지닙니다.

결정에는 동식물에서 비롯한 유기질 결정도 있습니다. 예를 들면, 설탕이 있죠. 설탕 또한 규칙적인 내부 구조를 지니는 결정체입니다. 설탕은 암석이 아닌 식물을 원료로 한 것이므로 결정이지만 광물은 아니에요. 다른 예로 진주, 산호, 호박, 상아 또한 식물계 혹은 동물계에서 비롯되는 유기 결정체입니다.

광물은 결정 구조를 지니며 무기질로 만들어집니다. 우리에게 익숙한 예로 소금, 눈꽃, 부엌에서 흔히 볼 수 있는 화강암 조리대가 있어요. 하지만 땅에서 생성되는 모든 것을 결정으로 볼 수는 없습니다. 오팔, 흑요석, 몰다바이트 같은 몇몇 예쁜 돌들은 사실 결정체가 아니거든요.

보석은 인간이 그 가치를 인정한 것입니다. 그래서 보석은 결정일 수도, 결정이 아닐 수도 있답니다.

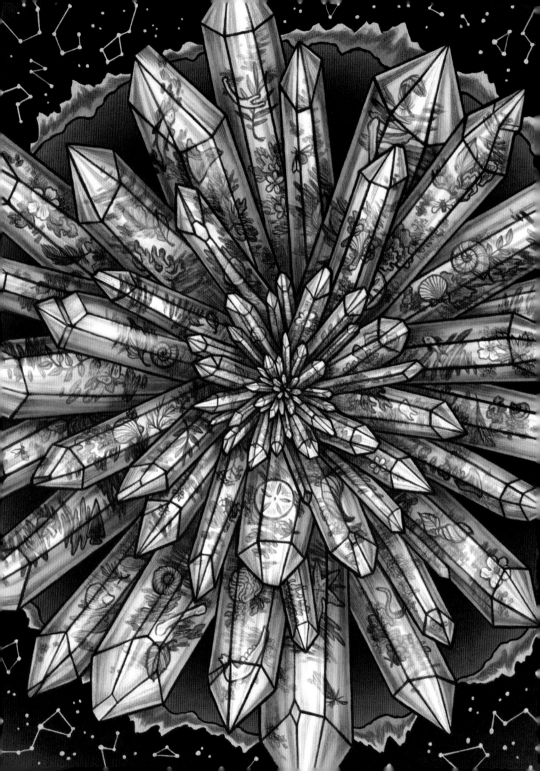

당신 내면에 세상이 있다
There Are Worlds Within You

가든 쿼츠
GARDEN QUARTZ

모스 경도: 7

"들어오세요." 가든 쿼츠가 속삭입니다. "정말 잘 왔어요." 우리는 자주 바깥으로 시선을 돌리고 주변의 세상을 이해하려고 노력하면서도 내면에서 잘 자라고 있는 세상은 소홀히 하곤 해요. 가든 쿼츠는 몸속 각각의 장기는 별자리이고 각각의 세포는 별이라는 점을 잊지 말라고 당신에게 이야기하는군요. 모든 감정은 길게 늘어지고 꽃이 가득 핀 덩굴이며, 당신의 움직임, 즉 모든 행동은 당신의 의지로 아주 작은 근육들이 움직이며 빚어낸 열매죠. 의식을 내면으로 향하게 한다면, 당신이라는 우주의 신비가 모습을 드러낼 것입니다. 때로는 완전하게, 때로는 불완전하게 축적되어온 세월, 쌓여온 당신만의 층을 탐구해 보세요. 내면의 풍경에는 당신의 주의와 관심이 필요합니다. 가든 쿼츠는 당신 내면에 세상이 있다고 확신합니다. 자신을 깊이 이해하고 느껴보세요.

감사 인사

만약 당신도 가든 쿼츠처럼 내면의 층이 훤히 보여서 피부 바로 아래에 존재하는 경이로운 세상을 들여다볼 수 있다면 어떨 것 같나요? 내면의 눈으로 본다면, 충분히 볼 수 있어요!

무엇도 당신을 방해하지 못할 편안한 장소를 찾아보세요.

이제 자신의 의식을 발가락부터 시작해서 내면으로 밀어 보냅니다. 근육, 힘줄, 뼈, 그리고 당신이 이름을 알지 못하는 부분들까지 모두 느껴보세요.

주의를 서서히 위로 이동시키면서 당신을 위해 몸의 각 부위가 집중하는 작용에 대해 고마운 마음을 전하세요. 신경 세포에게는 훌륭한 전달 기능에, 백혈구에게는 당신의 건강을 지키기 위해 벌이는 고투에 감사하세요. 구부릴 수 있는 무릎과 뻗어 올릴 수 있는 팔에도 인사하고요. 그렇게 몸의 모든 부위에 주의를 기울여보세요.

느끼고, 의식하고, 감사하세요.

불완전함은 아름답다

우리 각자의 내면에는 해마다 축적되어온 인생이라는 층이 있습니다. 마치 고대 도시처럼 우리는 우리만의 유적을 쌓아올리죠. 무언가 안에 박히고 쌓인 뒤, 시간이 흐르면 이러한 외부의 영향들도 인생의 일부가 되기도 합니다. 그리고 그것은 당신 내면의 풍경을 바꾸기 시작하죠.

가든 쿼츠에는 장석, 녹니석, 철, 그 외의 광물 부스러기들이 들어 있습니다. 이런 것들이 가든 쿼츠의 결정 내부에서 독특한 풍경을 창조해요. 그런 부스러기들이 없다면 가든 쿼츠는 그저 평범한 석영일 거예요.

당신 내면의 세상도 마찬가지입니다. 감정의 흔적들, 전자기장의 에너지, 생각의 자취, 내장 속에 군집한 미생물들이 층층이 존재하죠.

> 불완전함은 발명, 상상력, 창조성을 유발하고, 내게 자극을 준다. 불완전하다고 느낄수록 더욱 살아 있음을 느낀다.
>
> 줌파 라히리, 《이 작은 책은 언제나 나보다 크다 In other words》

당신 내면의 세상은 어떻게 보이나요?

불완전한가요, 혹은 더 우수한가요?

이렇게 쌓인 층들은 당신 자신에 대해
어떻게 이야기하나요?

무(無)의 공간을 활성화하라
Activate the Void

남동석(아주라이트)
AZURITE

모스 경도: 3.5~4

숨을 들이마실 때마다 우리 내부에 공간이 생기면서 고요함도 기대할 수 있게 됩니다. 남동석은 이러한 빈 공간의 기운을 넉넉히 품고 있습니다. 그것은 그릇이 아닌 그 그릇이 담고 있는 빈 공간이며, 내부를 둘러싼 벽이 아닌 그 벽 안의 공허입니다. 이것이야말로 가장 귀한 선물입니다. 이 빈 공간에서, 시공간의 교차로에서 멈춰 있음으로써 당신의 직감이 비상할 테니까요. 일단 공간이 생성되면, 갇혀 있던 에너지가 흐르기 시작하고 침체된 상태를 뚫고 이동하며 매일의 일상보다 더 대담하거나 정교한 무언가를 위한 장소를 만들게 됩니다. 남동석은 당신이 이 공허를 보며 가능성의 풍요를 느낄 수 있도록 당신을 지탱해 줄 거예요. 푸른 하늘 아래, 숨을 깊이 들이마시고 몸속에 빈 공간을 가득 채워서 당신의 정신을 북돋워 드높이세요.

공허의 풍요

고대 인도의 전통의학인 아유르베다에서 (당신이 들이마시는) 공기는 두 번째 요소입니다. 이것은 첫 번째 요소인 에테르가 활성화될 때 발생하죠. 에테르는 가능성을 지닌 빈 공간, 공허를 뜻합니다. 매 호흡마다, 숨을 들이마시고 내면에 공간을 만들어냄으로써 당신 내부에 활성화된 공허를 유지할 수 있습니다.

남동석과 마찬가지로, 아래 소개되는 호흡 의식(전통 요가 순환 호흡법의 축소 버전)은 공허와 풍요가 공존하는 아름다운 모순을 빚어냅니다.

검지로 왼쪽 콧구멍을 막고 오른쪽 콧구멍으로 숨을 들이마십니다. 숨을 참으면서 엄지손가락으로 오른쪽 콧구멍도 막아주세요. 잠시 그대로 멈춥니다.

검지를 떼고 왼쪽 콧구멍으로 숨을 내쉬어 주세요. 그런 다음 왼쪽 콧구멍으로 숨을 들이쉬고 검지로 막습니다. 잠시 그대로 멈췄다가, 엄지손가락을 떼고 오른쪽 콧구멍으로 숨을 내쉬어 주세요.

이 과정을 몇 차례 계속합니다.

이 순환 호흡의 어느 과정에서 공허가 느껴집니까?

풍요가 느껴지는 과정은 언제죠?

무엇이 당신을 자유롭다고
느끼게 하는가?

우리는 흔히 자신을 무언가로 둘러싸고는, 그것을 잃어버릴까 봐 전전 긍긍하며 살아갑니다.

우리는 빈 공간에 가능성이 담긴다는 걸 망각해요.

조그마한 집, 레저용 차량, 또는 요트 위의 삶을 그려보세요. 저장 공간이 많지 않죠. 옷 몇 벌, 며칠 분의 식량, 냄비와 프라이팬 하나씩, 그릇두 벌, 컵 두 개, 침구와 수건 한두 개 정도 가질 수 있겠네요. 어쩌면 책 몇 권이랑 보드게임도 있을 테고… 그 외에 다른 건 별로 없겠죠.

이제 평범한 집에서의 삶을 그려봅시다. 가구가 딸린 방, 옷이 가득한 옷장, 선반 위에 놓인 소중한 가보, 벽에는 그림들이 걸려 있어요.

만약 당신이 평범한 집에 살고 있다면, 날렵한 요트에서의 삶을 상상해 보세요. 정말로 그런 부족함이 당신을 움직이고 탐험하게 하는 호화로운 기쁨인가요? 당신이 레저용 차량이나 요트에서 산다면, 정착하고 뿌리내릴 수 있는 집을 상상해 보세요.

오늘, 더 자유롭게 느껴지는 곳은 어디인가요? 이 순간에는 '오늘'이 중요합니다. 내일은 마음이 바뀔 수도 있고, 어제와는 다르게 느껴질 수도 있으니까요.

운명의 힘을 재충전하라

Recharge Your Destiny

래브라도라이트

LABRADORITE

모스 경도: 6~6.5

영혼의 목적의식과 좀처럼 가까워지지 못할 때가 있습니다. 삶이 직장에서 식료품점으로, 그리고 다시 청구서가 가득 쌓인 당신의 책상으로 향하는 음울하고 지친 발걸음처럼 느껴지기도 하죠. 황홀함이나 신비로움과 동떨어져 있다고 느끼는 바로 그런 순간, 래브라도라이트를 찾아보세요. 이누이트인들이 말하길, 래브라도라이트는 강인한 전사가 깨트리기 전까지 평범하게 보이는 돌이었다고 합니다. 그러다 갑자기 래브라도라이트의 본바탕이 드러난 것이죠. 평범한 돌 내부에서 불꽃이 너울대고 있다가, 그 빛이 돌로부터 하늘까지 튀어오르며 북극광이 되었습니다. 래브라도라이트는 당신이 평범하게 보이는 돌이자 강인한 전사라는 점을 일깨웁니다. 당신은 자신의 감추어진 깊은 내면을 해방하고 밤하늘을 당신의 불꽃으로 밝힐 힘을 지니고 있죠.

연료를 찾아라

어떤 북유럽 신화에서는 북극광이 우리와 하늘을 이어준다고 이야기 합니다. 이것은 망자를 위한 사후 세계로 통하는 통로임은 물론, 물리적 존재로서의 우리와 순수한 정신의 차원 사이를 잇는 샤먼의 다리이기도 하죠. 이 신성한 영역과의 연결이 래브라도라이트의 본질입니다.

양초의 심지든, 나뭇가지든, 혹은 가스든 불이 붙으려면 연료가 필요합 니다. 당신의 불꽃에 연료가 되는 것은 무엇입니까? 무엇이 당신을 반짝 이게 하고 당신의 열정을 불러일으키는지 알고 있나요? 만약 그렇지 않 다면 일주일 동안 밤마다 불에게 질문을 던져보세요.

첫 번째 밤에 촛불 하나를 밝혀줍니다. 다음 날 밤에 촛불 두 개를, 그 다음 날 밤에 세 개, 그렇게 일곱 번째 밤에 촛불 일곱 개를 켭니다. 각각 의 양초에 불을 붙이는 동안, 마음속에 질문을 품고 있어야 해요.

내 연료는 뭘까?

무엇이 나를 반짝이게 하지?

꿈, 그리고 그와 동시에 무의식에서 발생하는 것들에 집중하 며, 그 순간 떠오르는 것을 기록해 보세요.

내면의 불꽃

도토리는 참나무가 되기 위해 필요한 원천과 양분, 이해와 패턴, 모두를 지니고 있습니다. 우리도 거의 같아요. 우리가 되는 모든 것은 우리 안에 암호화되어 있죠. 빛과 물, 공간이 있으면 성장합니다. 하지만 가끔은 혼란스럽기도 합니다. 거미줄에 걸려 땅에 닿지 못하는 도토리와 같이, 마치 뿌리내리지 못할 것처럼 느껴지죠. 우리는 매일 반복되는 일상 너머의 운명은 망각하고 보지 못합니다. 그러나 평범한 돌 속에 숨겨진 래브라도라이트의 불꽃처럼 그 패턴은 여전히 그곳에 남아 있습니다.

어린 시절 당신의 목적의식은

더 거대하게 느껴졌나요?

지금 당신은 그때의 마음으로 되돌아갈 수 있습니까? 당신의 목적의식이나 운명을 분명하게 말하지 못해도 좋습니다. 그저 그것을 느끼고, 내게는 삶의 사명이 있다는 기분을 누리세요.

호박

AMBER

모스 경도: 2~2.5

"당신이 이전에 어떤 사람이었는지는 중요하지 않아요." 호박이 당신에게 단언합니다. *"당신이 어떤 사람이 되고 있는지가 중요해요."* 호박은 저 자신도 두툼하고 끈적거려 손에 달라붙고 숲의 향내를 풍기는 소나무 송진에서 시작되었으니, 이렇게 확신하는 것이죠. 소나무 송진에는 항균 물질이 있기 때문에, 호박 또한 이러한 보호의 의미를 지니며 영적 차원에서 당신이 다음 단계로 나아갈 때 당신을 지켜줍니다. 이따금 나뭇잎이나 곤충을 담고 있는 호박이 묻습니다. *"변화의 단계에서 당신은 무엇을 계속 유지할 거죠? 당신의 정수에는 무엇을 담겠습니까?"* 이곳은 약동하는 운명과 선택이 만나는 지점입니다. 호박이 당신의 삶에 들어오면, 잠시 그대로 멈추세요. 당신이 되고자 하는 모습을 설계할 때는 몸과 마음, 양쪽 모두에 귀를 기울여야 합니다.

모든 걸 내려놓아라

우리가 갈림길에서 인생의 다음 걸음을 결정할 때, 잠시 멈춰 서서 그 것으로 인해 나타날 결과를 마음에 그려보세요. 변화 자체와 마찬가지로, 이 과정 역시 약간 거북할 수는 있습니다. 다음의 방법 중 하나를 사용하여 과거를 흘려보내고, 앞으로 나아갈 방향을 모색해 보세요.

- 삶의 목록을 작성합니다. 당신을 정의할 수 있는 모든 것과 당신이 가진 모든 것을 나열하세요. 목록을 쓰면서 하나하나 마음으로 내려놓으세요.
- 마음 놓을 수 있는 안전한 개인 공간에서 입고 있는 모든 옷과 장신구를 벗어보세요. 하나하나가 현재 당신 인생의 단편에 해당한다고 생각하며 한 꺼풀씩 벗겨내고 오롯이 당신 자신만 남겨두세요.
- 종이 한 장, 혹은 실 한 올이 자신이 지닌 여러 모습 중 하나를 나타낸다고 가정하고, 하나씩 태웁니다. 그것이 타는 동안 그 각각의 모습들을 소리 내어 이야기해 봅니다.

이렇게 모든 것을 내려놓았다면, 이제 인생에서의 다음 걸음에 무엇을 얻고 싶은지 이성적으로 선택합니다.

마음속에 소중히 간직하고 싶은 당신의 모습은 무엇인가요?

지나간 과거를 닦아, 윤이 나게 하라

호박은 한때 자신이 나무의 일부였다는 사실을 절대 잊지 않습니다. 하늘의 감촉과 비의 맛을, 솔잎에 닿던 햇살과 새벽녘 울던 새들을 기억하고 있죠. 이 모든 것이 호박의 꿀처럼 촉촉하고 윤기 흐르는 광채의 일부입니다.

호박이 당신에게 말을 건넨다면, 이는 과거 당신 자신의 모습과, 그것을 통해 당신이 누구이고 어떤 사람이 될 것인지 알아낼 방법을 떠올릴 기회입니다.

어린 시절의 모습을 떠올려 봅시다. 노래하거나 웃는 것을 좋아했나요?
돌이나 조개껍데기, 혹은 도토리를 모았나요?

어린 시절의 자신에 대해, 청소년 시절의 자신에 대해, 그리고 어른이 될 당시의 자신에 대해 자문해 보세요. 지난 삶은 당신의 현재 페르소나와 앞으로 되고자 하는 모습에 어떤 영향을 미치고 있습니까?

> 고대 중국에서는 호랑이가 죽으면 그 영혼이 땅에 스며들어 호박석이 된다고 믿었어요. 그래서 중국에서 처음에 붙였던 이름을 해석해 보면 '호랑이의 영혼'을 의미했다고 해요.

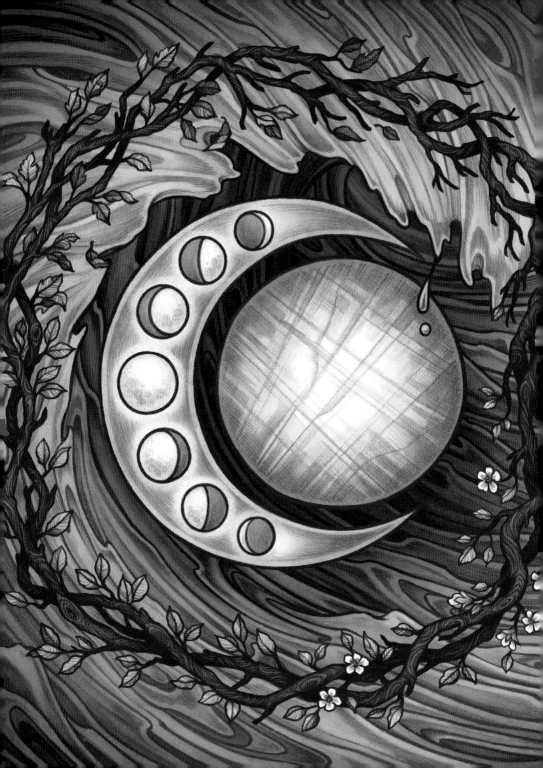

밀물과 썰물

Ebb and Flow

월장석(문스톤)

MOONSTONE

모스 경도: 6~6.5

달은 물을 다스리는 존재로, 우리 몸속의 물결도 당겼다가 놓았다가 합니다. 이러한 달의 시종인 월장석은 물의 신비로움을 지니고 우리가 우리 자신의 심연을 헤엄치며 흥망의 리듬을 찾도록 가르침을 줍니다. 새로운 장소나 경험으로 인해 혼란에 빠지거나 현대성에 끌려 자연의 신비로움으로부터 멀어질 때, 월장석은 돌아오는 길을 인도해 줄 것입니다. 월장석은 어둠에서 빛으로, 내면에서 외면으로, 겨울에서 여름으로 향하는 여정을 위한 돌이며, 모든 것은 다시 돌아오는 법이라는 신념을 조용히 지니고 있죠. 월장석은 확신합니다. *"밀물과 썰물이 반복되는 인생의 조류에 몸을 맡기다 보면, 새로이 소생할 날이 올 거예요."*

당신의 상태

달은 물을 다스리고, 물은 감정을 다스립니다. 그렇다면 달이 변화시키는 조류는 당신의 감정 상태에 영향을 주는 걸까요? 한번 알아보죠!

- 달의 위상을 추적할 달력이나 다이어리를 준비합니다. 그게 아니면, 인터넷에서 향후 3개월 동안의 달의 위상이 어떠할지를 찾아 다이어리에 기록해도 돼요. 이런 단계는 달의 움직임을 더 깊이 이해하는 데에 도움이 됩니다.

- 이제 날마다 당신의 감정을 기록해 보기로 해요. 간단하게 몇 단어를 써도 좋고, 한 단락을 써도 좋고, (손수 이모티콘을 만들어서) 자신만의 그림을 이용한 표현으로 그날의 기분을 빠르게 표시할 수도 있겠죠.

- 적어도 3개월 동안, 달의 위상과 함께 당신의 기분을 추적합니다.

달의 위상과 당신의 기분 사이에 포착할 수 있는 패턴이 있는지 돌아보세요.

부드러운가, 바삭거리는가

제 친구가 자신의 제단 위에 버드나무 잎 한 장을 놓고 그 위에 월장
석을 올려두었어요. 이후 달의 위상에 따라 버드나무 잎이 펴졌다가
월장석을 감싸며 말렸다가 하는 것을 수개월에 걸쳐 경외심으로
지켜보았죠. 친구는 사진을 찍어 일기를 적으며, 달의 위상과 날
씨를 기록하고 이 소소한 신비를 면밀히 추적했어요.

친구는 월장석 때문에 잎이 휜 건지, 아니면 달의 위상에
따라 잎이 그렇게 되는 건지 제 생각을 묻더군요. 저는 월장
석이 나뭇잎을 말랑말랑하고 무르게 유지시키는 수분과 연
관이 있다 생각한다고 대답했죠. 몇 달 뒤, 그녀는 휴가에 월
장석을 가져가기로 했어요. 그래서 버드나무 잎 위에 월장
석 대신 호박*Amber*을 올려두었어요. 그 후 나뭇잎은 호박
위로 단단히 말리더니, 바삭바삭해지고 다시는 움직이지
않았죠.

당신을 부드럽고 유연하게
만드는 것은 무엇인가요?
당신을 딱딱하고 건조하게
만드는 건 뭐죠?

자주적인 내가 되기 위한 걸음을 내디뎌라
Step Up to Sovereignty

청금석(라피스라줄리)
LAPIS LAZULI

모스 경도: 5~6

자주성은 늘 관계와 연관이 있죠. 청금석은 파라오와 여제들에게 소용돌이 모양으로 나아가는 하늘과 시간의 전환점에 조화를 이루며 통치하라고 상기시켰습니다. 청금석은 당신의 척추를 곧게 펴주고 당신이 자신의 목소리를 찾도록 도움을 주면서, 당신이 위풍당당한 태도로 그에 어울리는 행동을 하기를 바랍니다. 당신이 누구든 상관없이, 당신은 당신 자신, 당신의 주위 사람들, 그리고 지구의 관리자입니다. 정신의 영역에 관련해서 당신은 통치자나 다름이 없죠. 청금석은 권력과 책임의 상징이 될 것이나, 그것의 도움을 받아 관계를 발전시킬 수 있는 내면의 굳은 의지를 찾을 사람은 오직 당신뿐이에요.

당신의 상징물을 정하라

르네상스 시대에는 청금석을 갈아서 울트라마린이라고 불리는 색소로 만들었습니다. 이 귀하고 보기 드문 가루는 주로 화가들이 사용했으며, 그들은 성모 마리아가 걸친 가운의 푸른색을 묘사할 때와 같은 특별한 경우를 위해 아껴두었죠. 청금석의 사용은 보는 이에게 그림 속 인물이 자주적이고 고대 왕가의 혈통을 잇는 왕족임을 알려주는 힌트가 되었습니다.

울트라마린 색소가 밴 가운이든, 청금석 팔찌든 간에 상징물을 걸치는 것은 자주성을 되새기는 데 도움이 돼요. 그것은 우리가 어떤 사람이 되고자 하는지 바깥세상에 보여주는 신호일 뿐 아니라, 우리 자신을 향한 신호이기도 해요.

어떻게 해야 자주성을 스스로 일깨울 수 있을까요? 잠시 시간을 내어 자신의 상징물을 정하세요. 목걸이나 어깨에 두르는 숄이 될 수도 있고, 혹은 긴 리넨 외투나 라이딩 재킷, 군화, 혹은 반짝이는 하이힐도 좋아요.

결정했다면, 이 아이템을 보관할 공간을 따로 만들어주세요. 이 상징물을 착용할 때마다, 이것을 당신의 기억을 되새기는 의식으로 삼으세요.

자신의 목소리를 찾아라

청금석은 당신이 주변 세상을 깊이 들여다보고 거기서 찾은 진실을 이야기하길 바랍니다. 청금석은 자아의 돌이 아닌, 내면에서 찾은 진실을 전파하는 돌입니다. 물론 쉽지 않을 거예요. 당신의 관심을 차지하려는 목소리도 너무 많고, 세상의 문제들을 이해하기 위한 방식도 아주 다양하거든요.

진실을 말하기 위해서는,
먼저 그것을 이해해야 합니다.

삶 속에서 일어나는 일들에 당신이 현재 어떻게 반응하고 대처하는지 생각해 보세요. 이러한 생활 방식이 내면 깊이 자리한 진실과 핵심이 되는 가치에 가까워지는 데 도움이 되나요? 아니면 당신의 초자아를 고찰해 볼 수 있게 해주나요? 앞으로 이런 일들에 어떻게 반응하고, 어떻게 대처하고 싶은가요?

당신이 주춧돌이다
You Are the Foundation

하울라이트
HOWLITE

모스 경도: 2.5~3.5

부드러움은 보통 돌을 표현할 때 사용되는 단어가 아니지만, 하울라이트에는 딱 맞는 단어입니다. *"쉿."* 하울라이트가 당신의 소란스럽고 번잡한 마음에 속삭입니다. *"고요히 앉아 다시 중심을 찾으세요."* 침대에 몸을 웅크리고 캐모마일 차를 마시며 하루를 마무리하라는 말은 아닙니다. 그와는 완전히 반대죠. 당신이 냉정을 잃지 않을 때, 당신의 계획과 모험, 대화와 관계가 진행되고 동시적으로 이어질 것입니다. 당신이 토대죠. 지나친 도발과 무작위적인 자극에 현혹되지 않는 중심, 당신의 힘이 잠들어 있는 그 중심에서부터 시작해야 합니다. 하울라이트는 조언합니다. *"당신의 내면에 고요한 멈춤 지점이 있어요. 그곳에 파묻혀 보세요."*

잠에 빠지기

지난 하루를 분석하고 앞으로 할 일을 나열하느라 생각이 바쁠 때는 잠드는 게 어렵죠. 전자 기기의 전원을 끄세요. 마음이 편안해지며 하울 라이트의 완행 구간에 들어서기 시작할 거예요.

허브 차를 한잔하세요. 물을 끓일 때에는 자리를 벗어나지 말고 거기에 집중합니다. 물은 기본 원소이고 열기는 원소인 불의 한 양상이죠. 그런 다음 흙을 상징하는 찻잎이나 꽃 위에 물을 붓습니다. 당신은 이렇게 균형을 만들어내고 있으며 당신의 마음, 즉 당신이 들이마신 공기 역시 그와 함께 균형을 이루고 있음을 의식합니다.

지난 하루로부터 얻은 생각과 감정적인 것이든, 구체적인 해야 할 일 리스트든 다가올 내일에 필요하다고 생각되는 점을 기록하세요. 이제 침대로 들어가면서 당신이 생각해야 할 모든 것은 이미 종이에 적어두었고 잠의 정적 속으로 편안하게 빠져들어도 된다는 사실을 받아들입니다.

중심에서 벗어나면?

땅속 깊이 뿌리를 내리고 태양을 향해 가지를 뻗은 나무를 떠올려 보세요. 나무의 몸통이 중심입니다. 뿌리가 강하면 몸통도 안정적이고 듬직하죠.

마음속으로 몸통을 따라 첫 번째 가지로 향합니다. 여전히 굵직하고 튼튼하지만, 몸통보다 약간은 탄력이 있죠. 이제 그보다 더 멀리 이동해 잔가지로 가봅니다. 그리고 탄력과 떨림을 느껴보세요. 이런 바깥쪽의 가장자리에서는 산들바람에도 균형을 잃기가 쉬워요!

당신의 마음이 나무라면,
생각은 보통 나무의 몸통과 같나요?
아니면
가지, 혹은 가장자리의 잔가지인가요?
생각의 몸통은
생각의 잔가지에 비해 어떤 느낌이 들죠?

우리 스스로
마음속에 평화와 화합,
균형을 빚어내지 않는다면
삶 속에서 그것을
찾지 못하리라.

- 루이스 L. 헤이

에메랄드
EMERALD

모스 경도: 7.5~8

에메랄드를 잿빛 고양이라고 상상해 보세요. 어깨 너머로 당신을 응시하는 고양이의 시선은 푸른빛을 번뜩입니다. 단호한 눈매는 짙게 어둠이 깔린 당신 내면의 숲으로 이끄는 듯 유혹하는군요. 이곳, 이 영혼의 심연에서 가장 깊이 있는 진실과 진정한 사랑을 찾을 수 있습니다. 이곳에서 당신은 미래를 들여다볼 수도 있지만… 어쩌면 자신의 이야기가 만든 늪에 빠져버릴지도 몰라요. 에메랄드는 당신을 숲으로 이끕니다. 그곳에서는 과거를 거름 삼아 새로이 성장하게 되거나, 혹은 자신이 만들어낸 독성에 범벅이 되어 서서히 썩어가게 될 것입니다. 에메랄드는 앞으로 나아갈 길에 대해 당신이 어떤 선택을 내릴지 어둠 속에서 지켜보겠죠. 길을 선택하는 것 자체가 시작입니다. 당신의 여정을 시작하세요. 그러면 에메랄드는 밝은 등불, 성장을 촉진하는 빛이자, 진정한 인도자가 되어줄 것입니다.

새로운 시각

도교적 광물 의학에서는 에메랄드가 시각을 밝혀주는 효과가 있다고 말합니다. 또렷한 시각이 필요한 순간, 에메랄드는 세상을 다른 시각으로 보게 해주죠. 그러기 위해서는 다음의 동물들 중 하나(혹은 그 이상!)를 구현한다고 상상해 보세요.

- 3km 떨어진 풀숲에 숨은 토끼를 찾은 다음 그것을 확대해 보는 독수리
- 어둠 속에서도 쉽게 추적하는 호랑이
- 두 눈이 서로 독립적으로 동작해 여러 시점을 동시에 확인하는 카멜레온
- 독립적으로 선회하는 세 개의 눈자루(완전히 이해됐는지 얘기해 봅시다!) 끝에 눈이 달려 있고, 열두 개의 색 체계를 이해하는 갯가재(인간은 겨우 세 개의 색 체계만 이해하는 수준)

당신이 고른 동물처럼 세상을 보면서 다음과 같이 자문해 봅니다.

이 상황의 본질은 무엇일까?

인간의 시각에서 내가 보지 못하는 것이 무엇인가?

생의 푸르름

예부터 여성들은 에메랄드의 반짝이는 생기에 매료되었습니다. 고대 로마에서는 에메랄드가 사랑의 여신 비너스와 관련이 있다고 여겼습니다. 잉카인과 이집트인은 에메랄드를 영원한 젊음과 치유에 이르는 신성한 장신구로 사용했고, 중세 독일의 수녀 힐데가르트 폰 빙엔은 에메랄드에는 '위리디타스_viriditas_'의 힘이 깃들어 있다고 썼습니다. 위리디타스는 생장하는 것의 싱그러운 생기를 묘사할 때 쓰는 라틴어 단어입니다.

그렇지만 도교에서는 에메랄드가 매우 강력해서 무의식적으로 사용해서는 안 된다고 가르칩니다. 이러한 표면적인 반박으로 사랑 그 자체에 대해 묵상하도록 권해요. 열정은 계획에 대한 것이든 사람에 대한 것이든 매우 강력한 힘입니다. 하지만 스스로 애정을 갖지 못한다면, 외부에서 작용하는 열정은 소모적인 힘이 될 것입니다.

어떤 욕망이 당신의 기운을 소모해
당신을 공허하게 만든 적이 있나요?

....

에메랄드 안에는
자연의 모든 생기가 농축되어 있다.

- 힐데가르트 폰 빙엔

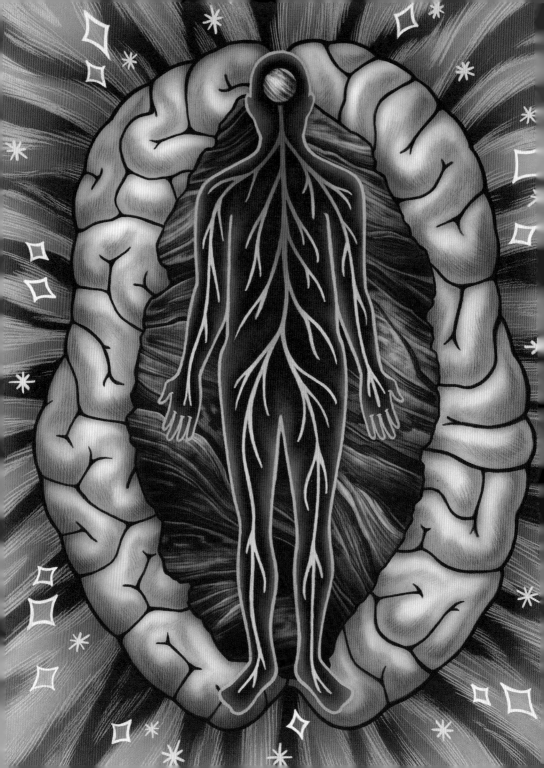

깨닫기 위해 느껴라
Feel in Order to Know

서길라이트
SUGILITE

모스 경도: 6~6.5

만약 우주에 슈퍼히어로가 있다면, 그리고 그 슈퍼히어로가 우주의 원리를 해독하는 반지를 가지고 있다면, 그 반지는 보랏빛 서길라이트의 우아한 구체로 만들어졌을 거예요(어쩌면 이 강력하고 생기 넘치는 결정의 아주 미세한 조각을 넣어 만들었을지도!). 서길라이트는 당신의 신경계를 곧장 건드려, 당신 주위의 생명력을 감지하는 선천적인 능력을 강화시키는 동시에 내면의 세상도 재조율할 수 있도록 돕습니다. 서길라이트는 충고합니다. *"머릿속의 소란스러운 생각을 누그러뜨려야 해요. 당신의 몸이 곧 인지의 도구죠. 자신의 몸에 주의를 기울일 때 비로소 몸과 마음, 감정, 정신이 균형을 되찾게 될 거예요."* 당신의 호흡을 잔잔해지게 하는 것은 무엇인가요? 무엇이 당신을 소름 돋게 하나요? 인지하기 위해서는 느껴야 합니다.

뇌를 길들여라

우리의 뇌는 생각하고, 생각을 곱씹다가 일어나지 않을 일에 대한 공포(검치호랑이가 쫓아오는 것 같은)로 우리를 몰아붙이는 일이 많습니다. 실제로는 달고 쓴 일상의 기복에서 도망치는 것일 뿐인데 말이죠. 서길라이트는 당신이 정신적 에너지를 재분배하도록 이끎으로써, 에너지가 신경계의 축색돌기를 타고 흘러내리고 몸과 마음 전체의 활기를 북돋우며 균형을 이룰 수 있게 도와줍니다.

당신의 뇌는 관심을 바라는 어린아이와 비슷한 경향이 있습니다. 그래서 반응하지 않으면 어린아이처럼 악을 쓰죠. 뇌가 과열 상태임을 알아차렸다면, 이 모든 정신적 과정에서 생성된 에너지를 보랏빛의 구 모양으로 마음속에 그려보세요. 그것을 연구하고, 그것이 움직이고 불꽃을 튀기는 방식에 익숙해지세요. 그런 다음 에너지가 신경을 타고 흐르면서 몸 전체에 생명과 감정을 전달하는 모습을 서서히 조심스럽게 상상하세요. 여기서부터 시작해 당신의 몸이 무엇을 깨닫고 의식하는지 살펴봅니다.

질병의 기운

아시아 일부 지역에서는 서길라이트가 단번에 종양을 사라지게 하는 것으로 여겨져, 항암 능력이 있는 돌로 알려져 있습니다. 암이든, 아니면 다른 병이든 당신이 질병에 대해 어떻게 생각하는지 의식해 보세요. 당신은 그것이 당신의 일부라고 느끼나요, 당신과는 별개의 것이라고 느끼나요? 병이 나면 고통스러워해야 마땅하다고 생각하나요?

우주 해독 반지를 가지고 있어서 각 질병의 에너지 기호를 이해할 수 있다고 상상해 봅시다. 자신의 생명력으로부터 질병의 기운을 풀어내고, 세포 하나하나의 진동을 조심스럽게 변화시키는 장면이 그려지나요?

....

진정한 치유가 일어나는 곳은 비바람이 몰아치는 곳이다.

거대한 곳이자, 지독히도 아름답고

끝도 없이 깜깜하며 빛이 희미하게 빛나는 곳이다.

그곳에 이르기 위해서는 정말로 아주 열심히 노력해야 하지만,

당신은 해낼 수 있다.

- 셰릴 스트레이드, 《작고 아름다운 것들: 슈거가 전하는 사랑과 인생에 대한 조언
Tiny Beautiful Things: Advice on Love and Life from Dear Sugar》

규공작석(크리소콜라)
CHRYSOCOLLA

모스 경도: 2.5~3.5

물이 없다면 규공작석은 그저 산화된 구리와 이산화규소일 뿐입니다. 하지만 흐름과 감정의 원소인 물을 더한다면, 자! 어때요? 마법이 일어납니다. 물은 정말 불가사의하죠. 여기에 의문이 든다면, 우리 지구에 물이 없다고 상상해 보세요. 약간의 H_2O만 있다면 구리와 이산화규소는 놀랄 만해지는 정도가 아니라, 클레오파트라가 길을 떠날 때면 몸에 꼭 지녔다는 그런 돌이 됩니다. 규공작석은, 우리는 모두 완전한 변화까지 겨우 물 몇 방울 정도 떨어져 있으며, 우리들 각각은 우리 세상에 색과 차원을 입히는 사람이 될 수 있다는 사실을 알고 있습니다. 규공작석이 묻는군요. *"변화와 성장을 위해 당신의 삶에, 혹은 마음에 무엇을 받아들여야 할까요?"* 규공작석 카드가 나온다면, 때가 되었다는 말이랍니다!

과거를 들추어라

과거는 지금 현재 우리의 모습, 그리고 미래에 우리가 될 모습에 영향을 미칩니다. 우리는 가끔 과거의 조각들, 즉 정신적 외상이나 격한 감정의 조각들을 우리의 의식으로부터 숨겨두기도 하죠. 자아의 이러한 조각들은 우리가 그것들을 끄집어내고, 그것들이 야기할 변화를 생각할 준비가 될 때까지 그대로 잠재되어 있습니다.

만약 이야기를 털어놓을 준비가 되었다고 느낀다면(그것이 당신을 변화시킬 수도 있다는 것을 알면서도), 제단을 정리하고 과거를 위한 공간을 만드세요. 이 정리된 공간의 한가운데에 과거의 자신을 위해 촛불을 켜둡니다. 당신의 과거가 현재로 나아가도록 조심스레 청하며 마음을 진정시키는 규공작석의 푸른 빛을 찾아보세요.

앞으로 며칠, 몇 주에 걸쳐 당신의 직감이 이끄는 대로 제단을 늘리세요. 각각의 아이템을 더할 때마다, 당신이 어떤 사람이었고, 또 어떤 사람이 되어가고 있는지 가르쳐달라고 청해보세요.

유연하게 행동하고 자세를 바꿔라

삶의 커다란 변화든, 관점의 가벼운 변화든 그것이 순조롭게 진행되도록 돕는 능력 덕분에 규공작석은 이집트의 여왕 클레오파트라가 가장 아끼던 돌이 되었습니다. 그녀는 늘 이 조각을 지니고 다녔던 것으로 알려져 있어요. 그 돌은 클레오파트라와 그녀 주변의 사람들이 고집스런 태도를 내려놓고 관점을 바꾸도록 도왔고, 그 덕분에 지혜로운 화해의 돌이라는 별명도 얻게 되었죠.

우리는 모두 고정되고 굳어진 태도를 지니고 있습니다. 그래서 누군가 우리와 다른 방식으로 생각하면, 언짢아지거나 심지어 공격당했다는 기분을 느끼기도 합니다. 잠시 시간을 갖고 다음의 질문으로 목록을 만들어봅시다.

당신은 무엇에 바위처럼 완고한 견해를 갖고 있죠?

어쩌면 정치적 영역의 문제나, 자신의 능력에 대한 당신의 선입관일 수도 있습니다. 혹은 특정인이나 집단에 대한 태도일지도 모르죠.

만약 생각의 과정에 약간의 물을 수용한다면,
즉 흐름을 허용한다면 어떻게 될까요?

경이로움 속으로 확장하라

Expand into Wonder

자수정
AMETHYST

모스 경도: 7

해가 지고 밤의 첫 별이 뜨기 시작하는 시간, 누워서 끝없이 검푸른 빛으로 물드는 하늘을 바라보고 있다고 상상해 보세요. 낮과 밤 사이의 으스름 속, 아득히 깊어가는 춤사위의 조그마한 일부가 되는 자유를 느끼는 거죠. 자수정은 이러한 평화롭고 기쁨으로 가득한 경이로움을 선물합니다. 자수정은 당신의 마음에서 시작해 머리로 소용돌이치며, 당신이 가장 밝은 미래를 꿈꾸고 자신의 슬기로운 면을 찾도록 격려합니다. *"마법은 생의 사이사이에 존재해요."* 자수정이 말하는군요. *"당신의 마법과 확장성을 찾아보세요. 호흡을 들이마시고 내쉬는 사이의 찰나에서, 낮과 밤 사이의 시간에서, 늘 당신의 머리와 마음이 만나는 곳에 존재하는 부드럽고 달콤한 자아에서요."*

사랑을 이해하라

사랑스러운 자수정의 의식은 당신에게 아무것도 묻지 않습니다. 그저 당신이 어떤 경험을 하는지 알아차리기만 하면 됩니다.

- 방해 없이 눈을 감고 있을 수 있는 조용한 장소를 찾습니다.
- 혀에 꿀을 몇 방울 떨어뜨려요(그냥 꿀이 너무 부담스럽다면, 꿀을 넣어 차를 끓이고 그것을 한 모금 입에 머금어도 괜찮아요).
- 눈을 감고 당신이 좋아하는 색조의 보라색을 떠올립니다.

제3의 눈을 닦았더니, 당신밖에 안 보였어요.

- 어맨다 모셔, 《사랑받을 수 있는 것보다 사랑할 수 있는 편이 낫다*Better to Be Able to Love than to Be Lovable*》

당신이 무엇을 인지하는지 인지하고, 무엇을 느끼는지 느껴보세요. 바로 그거예요! 거기에 대해 생각하지 말고 그냥 해봐요!

꿈의 세계

최근까지도 중동의 많은 나라에서는 악몽을 막기 위해 베개 아래에 자수정 조각을 넣었습니다. 자수정이 간장[1]에 좋은 돌이라고 가르치는 도교의 입장에서 이러한 관습은 꽤 일리가 있을 거예요. 도교 사상에서 간장의 기운은 '혼'이라고 불립니다. 혼은 몸 안에 살기도 하고, 정신의 영역으로 들어갈 수도 있어요. 자수정은 혼에 양분을 주고, 당신이 정신과 꿈의 세계를 안전하게 여행하고 당신 자신으로 돌아오게 합니다.

꿈을 꾸고 여행하는 일의 진정한 보물은, 활기를 되찾고 자신의 꿈을 실현할 준비가 된 기분으로 현실 세계에 돌아오는 것이라 할 수 있죠.

당신이 동경하는 꿈은 무엇입니까?

깨어 있는 현실의 일부가 되도록
물질 영역으로 불러들일
준비가 된 꿈은 무엇인가요?

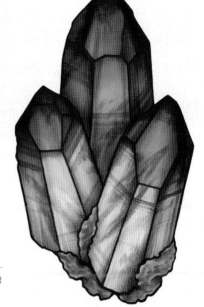

---

1 옛닐에는 간장이 감정의 원천으로 여겨짐(간장을 태우다, 간장을 녹이다 등의 표현도 여기에서 시작된 것으로 추정).

라리마

LARIMAR

모스 경도: 5

화산의 불은 끊임없이 휘도는 바다 가운데 섬을 만듭니다. *"저는 불에서 태어났어요."* 라리마는 자신의 소용돌이치는 청록색과 바다색 층 너머를 보지 못하는 이들에게 일러줍니다. 외면에 가려진 자신의 감정을 들여다보고 물속에서 불을 찾으세요. 불은 새로운 것들이 자랄 수 있는 단단한 흙인 땅을 창조합니다. 당신이 좌절하고 있거나, 혹은 그저 자신만의 공간(소신을 지키거나 개인적인 낙원을 만들 곳)을 요구할 준비가 되었을 때, 라리마는 당신이 자신의 핵심이 되는 불과 밑바탕이 될 가치를 찾을 수 있게 도와줄 거예요. 라리마가 조언합니다. *"주변 사람들의 진의를 가늠할 수 없다면, 그들의 외면으로 보이는 물 너머 불을 봐야 해요. 그래야 진정으로 이해할 수 있으니까요."*

당신의 불을 드러내라

열정은 불처럼 맹렬한 감정입니다. 갈망이자, 충동이에요. 점점 뜨거워지다가 다 타버리게 되죠. 때때로 우리는 덜 자극적인 감정으로 우리의 열정을 감추기도 해요. 당신은 달콤한 사랑이나 현실에의 안주를 위해 열정을 접어둬야겠다 느낀 적이 있나요? 감정의 가면으로 내면의 격렬한 열정을 감추게 하는 것이 무엇인지 생각해 보세요.

어떻게 해야 한다는 강제적인 생각, 혹은 가끔 자신의 핵심 가치와 맞지 않는다고 느껴지는 행동을 나타내는 이미지를 모아보세요. 예를 들어, 어쩌면 당신은 청바지를 선호하면서도 늘 정장을 입을 테고, 편하게 휘갈겨 쓰고 싶지만 더 작고 반듯하게 써야 한다고 생각할 거예요. 이런 외적인 모습을 나타내는 이미지를 찾아보세요.

골판지를 얼굴 모양으로 자르고, 눈으로 내다볼 구멍을 내줍니다. 이제 아까 찾은 이미지들을 골판지 마스크에 붙여주세요. 스스로 관찰해 봅시다. 그런 모습을 보일 때, 기분은 어떤가요? 당신의 불꽃을 꺾는 착각과 감정을 버리고, 이 가면을 태워버리고 싶다(안전하게!)는 마음이 드는 때가 올 수도 있습니다.

불과 물

우리는 가끔 분노, 기쁨, 슬픔을 되새김질하며 자신의 감정에 빠져 있기도 해요. 이런 감정을 끊임없이 반복하며 가까운 친구들에게 내보이고 모든 면에서 그들을 시험하죠.

사랑의 관심이든, 어떤 프로젝트를 향한 것이든, 열정이 과하면 모든 것을 다 태워버리게 됩니다. 우리 내면의 불은 감정의 물을 증발시켜요. 당신은 마음속에 남은 사소한 비극이나 대화, 다툼을 재현해 보는 데 얼마나 많은 시간을 쓰고 있나요? 감정의 성찰을 통해 당신이 인생에 열정을 충분히 쏟고 있는지, 그렇지 않은지 진단할 수 있나요?

···

열정이 있다면,
이유는 필요 없다.
생각해 낼 수 있는
어떤 부정적인 증명도
당신의 열의를 이길 수는 없으므로.

- 웨인 다이어, 《열정이 곧 힘이다*Passion is Your Power*》

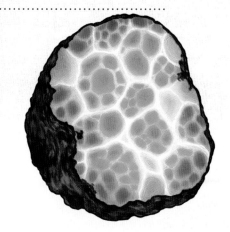

호기심을 가져라

Get Curious

홍옥수(카넬리언)
CARNELIAN

모스 경도: 7

홍옥수는 교역로를 따라 이동해 다녔습니다. 그러면서 러브레터에 관여하고, 알렉산드리아 대도서관, 바그다드 지혜의 집 같은 학문의 보고에 축적되었거나, 두루마리에 베껴 쓰인 고대의 비밀을 익혔죠. *"밖으로 나가 세상을 경험하세요."* 홍옥수가 앞으로의 여정을 위해 힘과 용기를 주며 당신을 격려합니다. 홍옥수는 지나가는 카라반에 끼어, 무역상과 전달자들의 다음 목적지에 이를 때까지 방랑을 함께할 것입니다. 이 고대 부적의 호기심은 세속적인 여행에서 그치지 않습니다. 홍옥수로 만든 부적은 석양 너머의 어떤 길로도 망자가 안전하게 통과할 수 있도록 그들을 호위했어요. *"당신이 받아들일 자세만 되어 있다면, 인생은 모험이에요."* 홍옥수가 상기시켜 주네요. *"호기심을 가져요."*

인장을 만들어라

홍옥수는 뜨거운 밀랍이 표면에 달라붙지 않아 옛날부터 인장 반지나 도장 등에 사용해 왔습니다. 구슬 모양으로 만든 홍옥수는 두루마리를 말아 고정하거나 목걸이에 매달아 화폐로 거래하기도 했죠. 홍옥수는 위대한 여행자일 뿐 아니라, 천 년의 시간 동안 인류와 가까이 지내며 우리의 비밀과 이야기들에 관여해 온 돌입니다.

오랜 옛날에는 우리의 이야기가 상형문자와 그림 속에 들어 있었습니다. 편지를 봉인할 때 사용한, 홍옥수로 만든 음각 인장에도 누가 편지를 보냈는지 받는 사람에게 알려주는 이미지가 담겨 있었죠. 보낸 사람은 인장에 새겨진 식물, 동물, 혹은 좌우명으로 자신을 나타냈습니다.

그럼 이제 당신만의 인장, 혹은 상징을 만들어봅시다.

- 당신의 정신을 나타내는 식물은 무엇입니까?
- 당신이 세상을 항해하는 모습을 보여주는 동물은 무엇입니까?
- 당신의 핵심 가치를 표현할 수 있는 동물은 무엇입니까?
- 당신의 목적의식을 내포하는 좌우명이 있습니까?

석양

고대 이집트인에게 홍옥수의 빛깔은 노을이 고체화된 것처럼 여겨졌습니다. 그래서 그들은 홍옥수를 '석양'이라 불렀고 변화의 시기에는 이것을 길잡이이자 보호물로 사용했어요.

석양은 전 세계의 많은 전통에서 우리가 알고 있는 삶(즉, 밝은 낮에 볼 수 있는 것)과 미지의 어둠 사이의 통로를 상징해 왔습니다. 어둠은 볼 수 없거나, 알 수 없는 것을 의미했어요. 또, 어둠은 죽음을 상징하기도 했죠. 죽음은 삶 이후에 다가올 위대한 모험이고, 석양의 돌은 당신이 그곳을 향해 용기 있게 발을 내딛도록 도왔습니다.

현대 문화는 죽음과 그리 친밀하지 않은 듯합니다. 이제 죽음은 석양처럼 가깝게 느껴지지 않고, 두려움의 대상으로 여겨지기도 해요.

당신은 평소 죽음에 대해 생각하곤 하나요?
혹은 죽음이 마음의 빗장 뒤에 꽁꽁 잠긴 금기의 주제인가요?

당신은 죽음, 그리고 그 이후에 일어날 일을
낮과 밤이 변하는 리듬에 비유할 수 있나요?

You Live in Abundance

임페리얼 토파즈
IMPERIAL TOPAZ

모스 경도: 8

우리가 만족할 때, 충만한 기운과 마음으로 충분하다고 느낄 때, 우리는 비로소 긴장을 풀고 주변의 사람들에게 그 풍요를 나눌 수 있습니다. 임페리얼 토파즈의 재능은 이것입니다. 인생을 음미하고 그 아름다움에서 양분을 섭취하는 능력이죠. 토파즈는 우리가 내면에서 감수성을 찾아 우리의 모든 감각으로 의식하고 우리 존재 전체와 세상의 작은 움직임에 감사할 수 있도록 돕습니다. 그렇게 우리는 풍요로운 존재가 되어 주변 이들에게 친절과 용기, 지혜를 나눌 수 있죠. *"세상은 경이로움으로 가득해요."* 임페리얼 토파즈가 속삭입니다. *"그것을 받아들이고 마음으로 흡수할지는 당신에게 달려 있죠."*

풍미를 더하라

소믈리에는 미묘한 맛을 구별하는 능력을 높이기 위해 시음 전에 토파즈를 빤다고 알려져 있습니다. 겹겹이 층을 이룬 맛을 알아차리는 것은 최고의 양념이라 할 수 있죠. 우리가 씹는 동안 음식은 변합니다. 빵 한 덩어리, 치즈 한 조각이 입속에서 으깨지면서 겹겹이 쌓인 맛이 드러나죠. 식사를 급하게 하다 보면, 식사가 주는 풍요로움처럼 먹으면서 느낄 수 있는 많은 것을 놓치게 됩니다.

모든 감각으로 음미할 수 있는 요리를 준비합니다. 화려한 요리를 할 필요도 없어요. 피자나 멋진 디저트로도 충분히 같은 효과를 볼 수 있어요.

- 당신의 감각을 일깨우는 환경을 선택하세요. 누군가에게는 숲일 수도, 누군가에게는 안방일 수도 있겠죠.
- 양초나 트리용 전구의 불을 밝혀주세요.
- 꽃도 장식해요.
- 음악도 틀고요.
- 좋아하는 식기를 사용하세요.
- 즐거운 대화 상대를 초대합니다.

이제 천천히 음미해 볼까요? 이 시간을 통해 긴장을 풀고 자신을 가득 채워보세요!

삶을 자신의 것으로 소화, 흡수하라

많은 사람이 소화 문제 때문에 괴로워합니다. 이러한 소화 기능의 결핍은 다시 음식에 대한 끝없는 갈망으로 이어지죠. 우리는 포만감뿐만 아니라 만족감이라는 경이로운 착각을 얻기 위해서 끊임없이 입속으로 음식을 집어넣습니다. 겉으로 보면, 우리가 충분히 먹고 있는 것처럼 보일 수도 있습니다. 하지만 내부, 장의 내벽에서 보자면, 실제로 흡수되는 건 극소량의 양분뿐이라는 것을 알게 되죠. 우리 삶도 마찬가지입니다. 가끔은 올바른 것을 넣었음에도 불구하고, 그것을 소화, 흡수하지 못할 때가 있어요. 집이나 직장, 관계에 만족해야 할 것 같은데, 속으로는 갈증이 해소되지 않기도 하고요.

삶의 풍요를 그대로 흡수할 수 있나요? 그렇지 않다면, 더 깊이 들여다보세요. 무엇이 당신을 방해하나요?

19세기 제정 러시아의 차르가 왕실 귀족들만이 거기에 어울리는 사람들이라고 언명하면서 토파즈에 '임페리얼'이라는 단어가 붙게 되었다고 해요! '임페리얼'은 오로지 황금빛부터 핑크빛을 띠는 색상 범주에 있는 토파즈에만 붙는 이름입니다.

유연한 태도로 귀를 기울여라

Be Soft and Listen

블루 토파즈
BLUE TOPAZ

모스 경도: 8

임페리얼 토파즈와 아주 가까운 관계인 블루 토파즈는 풍요의 메시지를 공유하지만, 임페리얼 토파즈가 당신 주변의 세상을 음미하라고 말한다면, 블루 토파즈는 당신이 내면의 재능을 알아채기를 바란답니다. 우리는 모두 통찰력과 직관적인 지식으로 가득 차 있어요. 자신의 존재를 받아들이고 자기 회의*self-doubt* 아래 내면의 진실을 묻어버리지 않아야만 우리는 멀리 내다보고 공감할 수 있죠. 블루 토파즈는, 꿈을 통해 미래의 가능성을 흐릿하게 보여주고 좋지 않은 상황은 복통으로 감지하게 하는 당신의 풍부한 직감을 개방하라고 말합니다. *"풍요는 당신 내면에 있답니다."* 블루 토파즈가 일깨워 주네요. *"당신에게는 스승이나 교과서가 필요한 게 아니에요. 그저 유연한 태도로 귀를 기울이면 돼요."*

시선을 부드럽게 하라

이 조심스러운 의식은 만약 당신이 자신의 직감과 단절되었다면 다시 친해지도록 도울 것이고, 이미 조화를 이루고 있는 상태라면 내면의 지식과의 관계가 더 강화되도록 도와줄 것입니다.

- 유리나 크리스털 그릇에 물을 채웁니다.
- 거기에 식용유 한두 숟가락을 넣어주세요.
- 현재 몰두하고 있는 특정 질문이나 문제를 떠올립니다. 더 구체적일 수록, 더 유용한 정보를 얻게 될 거예요.
- 이제 시선에 힘을 빼주세요. 초점을 흐리게 하기 위해 눈을 가늘게 뜨고 찡그려도 됩니다(안경을 끼는 분은 살짝 벗어주세요).

물 위의 기름이 어떻게 움직이는지 보세요. 어떤 모양이 보이죠? 어떤 생각이 떠오르나요? 당신이 보거나 생각한 모든 것을 쓸모 있는 상징으로 받아들여야 합니다. 메모를 해두고, 다음 날 이런 이미지가 당신의 질문에 어떻게 적용되는지 생각해 보세요.

직감을 거북하게 느끼는가?

일상생활에서 직감에 대해 이야기 하는 일은 그리 많지 않습니다. 직 감이 맞아도 이성적으로 분석해서 주변 사람들에게 괴짜처럼 보이지 않 도록 하는 데 능숙하죠. 해마다 이런 생활이 반복되다 보면 우리는 직감 에 대한 감이 무뎌지고, 내면의 지식이 지닌 힘을 잊기 시작해요. 우리는 다른 사람들이 직관적인 사람일지도 모른다고 혼잣말을 하면서도 자신 은 그러지 못해요.

당신은 스스로 직감이 강하다고 생각합니까?
당신은 내면의 지식을 약화시키고 있나요?

직감이 맞았을 때 그것에 관해 일기를 쓴다면, 당신의 육감에 대한 자 신감을 되살리는 데 도움이 될 거예요!

무색의 토파즈를 방사선에 쪼이거나 열을 가하면 푸 른색을 띠게 됩니다. 지구의 열기에 자연적으로 이 런 작용이 발생해 얻어진 색은 색조가 연하고 희미 하죠. 채굴 이후 이런 처리 과정을 거쳐야 밝고 눈 부신 파란색을 얻을 수 있습니다. 결정들은 그 색 조에 따라 '런던' 블루 토파즈, 또는 '스위스' 블루 토파즈라고 불려요.

당신, 더욱 더 당신이 되다
You Only More So

루비
RUBY

모스 경도: 8

루비는 사랑과 같습니다. 당신의 기운을 가득 채워주기도 하고, 완전히 말려버리기도 하죠. 그리고 사랑처럼 증폭기 역할을 해서 당신의 긍정적인 성격과 부정적인 성격을 모두 확대시켜요. 당신을 용기와 자신감으로 이끌기도 합니다. 그 씨앗이 이미 당신 내면에서 크고 있었다면요. 하지만 자기 회의와 증오가 자라고 있었다면, 그러한 성격도 같은 수준으로 확대시킬 거예요. 루비는 당신이 강인함과 확신을 느낀다면 에너지를 북돋워 줄 것이고, 당신이 무력감을 느낀다면 에너지를 닳게 만들죠. 루비는 차별적으로 대하거나 판단하지 않고, 그저 이미 존재하는 것을 고조시킬 뿐입니다. 도로시가 루비처럼 빨간 구두를 신고 난 뒤에 깨달은 바가 있는 것과 같이, 여기에는 기억해야 할 점이 있습니다. 당신이 루비 반지를 손가락에 살짝 끼우면, 당신은 지금의 모습이 더욱 증폭된 당신이 된다는 사실이죠. 루비가 던지는 질문입니다. *"준비됐나요?"*

자신의 의지로 진폭을 키워라

루비는 모든 것은 에너지로 이루어졌다는 사실을 알고 있는 마법사의 돌입니다. 에너지의 진폭을 바꾸면 세상을 바꾸게 되죠. 그렇다면 진폭은 어떻게 바꿀 수 있을까요? 의지와 관심을 집중해야 합니다.

문제에 집중하는 것. 그것은 세상을 보는 당신의 시선뿐 아니라, 세상 자체를 만들어냅니다. 설득력 없이 들릴지도 모르지만, 지구에 사는 모든 사람이 제각각 전 세계의 모든 이에게 음식을 공급하는 것에 관심을 기울였다고 상상해 봅시다. 관심의 증폭으로 아이디어 착수와 그 실행이 착착 이루어지겠죠. 그리고 한순간에, 기아는 과거의 문제가 될 것입니다.

규모를 줄여서 이 개념을 적용해 봅니다. 아침이면, 오늘 나의 의지를 어디에 쏟을지 정하세요(혼자서 할 수 있는 범위에서요). 의식적으로 의지를 굳히기 위해 일기를 쓰거나 촛불을 켜는 등의 활동을 합니다. 식사 때마다 자신의 의지에 다시금 집중하는 시간을 가지며 내가 관심을 기울이고 있는지 확인해 보세요. 잠자리에 들기 전에, 결과를 기록하세요.

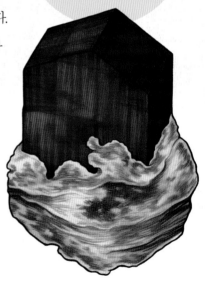

빅토리아 시대에는 결혼을 원하는 여성들이 구혼자의 관심을 끌기 위해 작은 하트모양 루비를 착용했대요.

확인하라

　루비는 검은과부거미와 같습니다. 이는 거미와 루비 양쪽 모두가 지닌 짙은 빨간색 반점 때문이 아니라, 루비의 예기치 못한 공격성 때문이죠. 전통 도교에서는 루비를 다룰 때 신중해야 한다고 가르칩니다. 루비는 긍정적인 면만큼이나 부정적인 면도 쉽게 증폭시키는 속성이 있어, 루비를 다루는 사람들의 마음도 무의식적으로 쉽게 무너뜨리거든요. 본질적으로 루비는 자기관리나 자기수양이 필요한 부분은 없는지 확인하라고 일러주죠.

> 루비는 광물계의
> 검은과부거미이다.
> - 세라 토머스, 광물 의학 연구자

오늘 당신의 에너지는 어떻습니까?
고갈된 상태인가요? 아니면 힘차게 넘치고 있나요?

분노나 질투 같은 드러나지 않는 감정이
당신을 초조하게 만들고 있지는 않나요?

지금의 당신 모습이 더욱 강해진다면, 어떨까요?

알만딘 가닛
ALMANDINE GARNET

모스 경도: 7~7.5

알만딘 가닛은 당신이 이 세상에 와서 발차기를 하고 울음을 터트리던 날이 당신의 이야기가 시작된 날이 아니라는 것을 알고 있습니다. 아니, 그보다 훨씬 전에 시작되어서, 그 당시 하늘의 별들은 궤도를 바꿨고, 그날 일어난 먼지는 이제 돌이 되었죠. 당신의 시작은 몸속을 흐르는 피에 남아 있습니다. 이 피는 각 DNA의 변형과 후생유전의 꼬리표에 의해 만들어진 기억이에요. 피는 당신만의 기억이 아니라, 이전 조상들의 기억이기도 해요. 당신은 이 피를 타고 먼 옛날의 지식으로 돌아갈 수도 있죠. 하지만 이제는 당신이 그 기억을 움직이고 옮기며, 변화시킨 기억을 앞으로 전달하는 것을 알만딘 가닛이 도울 것입니다. *"당신 자신에게, 당신의 과거의 과거에 빠져들어 보세요."* 알만딘 가닛이 속삭입니다. *"들려줄 이야기가 있어요."*

당신 역사의 흐름

달의 에너지가 차고 지는 달의 주기를 활용해 당신의 혈통을 살펴보세요. 만약 당신이 혈통과의 관계를 구축해야 한다면, 신월 때 시작하세요. 혹여 독이 되는 이야기를 해방해야 한다면, 만월부터 시작하시고요. 어차피 달의 주기 중 어느 시기에 시작하든지 해방과 구축 양쪽 모두를 이행하게 될 것입니다. 이 사실을 기억하면서, 무엇부터 시작하고 싶은지 선택하세요.

여과된 물이 담긴 그릇에 유리병을 넣고 알만딘 가닛 묘약을 만들어봅시다. 알만딘 가닛을 유리병에 넣고 그릇을 건드리지 않도록 안전한 곳에 두세요. 달의 주기인 28일 동안 날마다 그릇의 물을 아주 조금씩 따라서 마십니다. 필요하다면, 그릇에 물을 다시 채워주세요.

질환을 포함한 몸의 느낌과 꿈, 직감에 주의를 기울입니다. 일기를 쓰면서 결과를 추적하세요.

왜 알만딘 가닛을 물에 바로 넣지 않을까요? 알만딘 가닛은 우리의 몸에 불필요한 알루미늄을 함유하고 있기 때문입니다. 또한, 이 방법에는 보석 세공된 가닛을 사용해도 괜찮습니다.

혈통을 받아들여라

혈통의 지지는 강력한 힘입니다. 그것은 온통 뒤죽박죽이라 느껴지는 세상에서 당신에게 안정감을 주고, 든든함을 느끼게 하죠. 또한 당신이 외롭다고 느낄 때 공동체의식을 느끼게 하며, 지혜로운 자아와 정신의 감각을 되찾는 데 도움이 될 인도자가 되어줍니다.

당신은 자신의 옛 역사 속으로 빠져들면서 그것이 그저 먼 과거가 아닌, 지금도 당신의 DNA에 오롯이 새겨져 있다는 것을 이해하기 시작했습니다. 이렇게 새롭게 발견된 자신의 부분들을 인정하고 존중할 수 있나요? 어떻게 하는 게 좋을지 생각해 보세요. 혈통을 존중하기 위해 엄숙해야 할 필요는 없습니다. 일본에서는 조상을 기리는 명절인 오봉에 북을 치고 빙빙 돌며 춤을 춘다고 합니다.

당신은 자신과 조상을 이어주는
의식이나 움직임을 만들 수 있나요?

· ·

그것은 수수께끼로 시작해 수수께끼로 끝날 것이나,
그 사이에는 자연 그대로의 아름다운 나라가 자리하는구나.

- 다이앤 애커먼, 《감각의 박물학 *A Natural History of the Senses*》

인간성의 근본
The Fundamentals of Humanness

소금
SALT

모스 경도: 2

다이아몬드와 에메랄드, 루비가 있기 전, 소금이 있었습니다. 이 고대의 결정은 화폐로 사용되며 도시와 교역로, 신기술의 형성에 기여했죠. 당신이 월장석이나 오팔을 바란다 할지라도, 소금만큼 우리 몸이 구조적으로 갈구하는 필수적인 결정은 없습니다. *"당신은 당신이 바라는 것과 당신의 몸이 진정으로 갈구하는 것의 차이를 알고 있나요?"* 소금이 묻습니다. *"당신의 진정한 갈망을 충족하기 위해서 반짝이는 돌을 내팽개칠 수 있나요? 인간성과 행복의 기본 구성 요소를 아우르고 거기에서 기쁨을 찾기 위해서?"* 본래 모든 소금은 내륙에 있는 고대의 해저에서든, 대양 그 자체에서든 간에 바다에서 왔습니다. 소금은 우리의 피의 바다로 향하며 소금이라는 토대 없이 우리는 아무것도 아니라는 사실을 우리에게 일깨웁니다.

소금으로 씻기

역사적으로 보면 소금은 무언가를 분리하는 데 사용되어 왔습니다. 고기에서 액체를 짜내고, 액체에서는 단백질을 뽑아내죠. 이러한 과정을 '염석'이라고 부릅니다.

우리는 우리가 붙들고 있는 다른 사람의 감정을 놓기 위해 '염석'을 할 수도 있습니다. 이 과정은 다른 사람의 감정 공간에 바싹 붙어 일하는 치료사나 코치 같은 사람들에게 특히 효과가 좋습니다.

손을 씻거나 욕조에 몸을 담글 때, 소금을 소량 넣습니다. 샤워를 할 때, 샤워 타월에 소금을 채우고 묶어줘도 됩니다. 소금은 당신이 몸을 문지를 때 타월 천을 통해 녹아 나올 것입니다. 또는 소금에 에센셜 오일을 뿌려(소금 한 줌에 오일 한 방울 정도) 감각적인 경험을 할 수도 있습니다. 몸을 헹굴 때, 소금과 함께 끈적끈적한 감정까지 뽑혀 물로 흘러간다고 상상해 보세요.

사교계의 소금

우리 인생에서도 음식에 들어간 소금과 같은 역할을 하는 사람들이 있습니다. 파티에서 그들은 처음 온 사람을 맞이해 안내하고, 사람들 사이를 거닐며 기꺼이 대화를 먼저 시작합니다. 그들이 있으면 토론은 차분하게 균형이 유지되고, 사람들은 의견 충돌의 불꽃이 튀는 순간에도 웃음을 잃지 않으며, 다른 때 같으면 너무 경솔하거나 다른 이를 질리게 하는 사람들도 그 기질이 완화되고 점잖아집니다. 이런 마법 같은 사람들도 소금처럼, 그들이 없을 때만 우리는 그 존재감을 알아차리죠.

당신의 삶에서 소금과 같은 존재는 누구입니까?

. . . .

소금과 맛의 관계는 다차원적이다. 소금은 독특한 맛을 지니면서,
다른 재료의 풍미도 높여준다. 소금을 적당히 사용하면,
쓴맛을 최소화하고 단맛의 균형을 잡으며,
냄새를 향상시켜 먹는 즐거움을 높여준다.

- 사민 노스랏, 《소금, 지방, 산, 열Salt, Fat, Acid, Heat》

당신의 참모습을 받아들여라
Breathe In Your Trueness

홍운모(레피돌라이트)
LEPIDOLITE

모스 경도: 2.5

홍운모의 연보랏빛 광채는 공주의 꿈과 동화의 돌입니다. 이건 자연스럽지 않다고 생각하며 본다면 우리 안의 무언가가 반감을 보이죠. 그러나 홍운모의 고요한 색조는 조작되거나 인공적으로 만든 것이 아닌 진정한 가치가 있는 것입니다. *"내 진정성도, 당신 자신의 진정성도 의심하지 말아요."* 홍운모가 놀리는 듯합니다. 홍운모는 별나다고 해서 (터무니없이 아름답거나, 기이하거나, 훌륭하다고 해서) 그것이 당신을 가짜로 만들진 않는다는 것을 알고 있습니다. 밝은 광채는 다른 사람들에게 다채롭게 빛나는 그들의 진짜 자아를 보여주며 그들도 빛날 수 있는 가능성을 줍니다. 당신이 자신의 가면을 벗고 거울에 비치는 사람의 존재를 인정할 때, 당신의 마음과 정신은 평온해지고, 영혼은 심호흡을 하죠. 홍운모는 당신이 자신의 참모습을 받아들이고 별난 자아를 인정하도록 도와줄 것입니다.

책을 고쳐 써라

홍운모는 운모 계열입니다. 운모는 종이 같은 납작한 판 모양의 결정 구조로 자라기 때문에 운모의 판이 많아지면 그것을 Book(책)이라고 부르기도 해요. 우리 인생의 이야기들은 운모의 책과 같아요. 시간의 흐름과 함께 우리가 누구인지를 보여주는 이야기들이 켜켜이 쌓여 있잖아요.

과거의 이야기들을 면밀히 살피고 당신이 빚어내는 삶의 궤적과 더는 맞지 않는 이야기를 찾아냄으로써 미래를 바꾸기도 합니다. 각각의 이야기를 얇은 종이라고 생각해 보세요. 그 자체로는 쉬이 찢기지만, 다른 이야기들과 같이 포개지고 쌓일 때 견고하고 구조적인 변화가 일어납니다.

당신이 되뇌는 이야기 중
이제 더는 당신과
맞지 않는 것이 있나요?

일기를 쓰거나, 말로 뱉거나, 혹은 마음에 이미지를 그리는 방법으로 자신의 책 속 이야기를 바꿔보세요.

당신이 마음을
진정시키는 방법은 무엇인가?

홍운모는 리튬으로 인해 보라색을 띱니다. 정신의학 분야에서 우울증과 불안감을 치료하는 약물에 쓰는 바로 그 리튬이죠. 리튬은 신경계를 진정시킵니다.

당신이 마음을 진정시키고 신경계의 흥분을 가라앉히는 방법은 무엇인가요?

당신이 느끼는 불안과 스트레스 중

솔직히 말하지 않고

자신을 숨기는 데서 비롯한 것은 얼마나 되나요?

홍운모를 비롯한 모든 운모는 우리 자신의 일부를 비추는 거울입니다. 외부의 세계로부터 우리를 보호하는 절연체이기도 하죠. 운모 계열의 광물들은 고열을 견딤과 동시에 유연성을 지니기 때문에 전자 제품의 절연 처리에 쓰입니다.

감람석(페리도트)

PERIDOT

모스 경도: 6.5~7

당신의 마음 깊은 곳에는 파릇파릇한 기쁨과 반짝이는 생기가 자리한 공간이 있는데, 이곳에서는 이끼가 바위를 뒤덮고, 꽃 덩굴이 나무 몸통을 이리저리 감고 있죠. 공중에는 새들의 노래가 가득하고, 바람결은 기분 좋게 바스락거리며 전율하고 살아 있음을 재차 확인하는 듯합니다. 이 황홀하고 불가사의한 내면의 풍경에서는 불가능이란 없습니다. 당신은 지혜의 우물에서 목을 축이거나, 시간이라는 하프의 줄을 튕기며, 세상사에 시들해진 당신의 마음을 회복시킬 수도 있습니다. 감람석이 사는 이곳은 끝이 없는 초록을 통해 흐르는 공간입니다. *"나와 함께 춤춰요."* 감람석이 속삭입니다. *"당신에게는 아직 남은 삶이 많아요. 기운을 차리고 당신에게 주어진 행복을 잊지 말아요."*

약이 되는 것들을
가까이하라

감람석은 당신을 약이 되는 세계, 즉 동식물계와 광물계에 이어줍니다.

감람석을 주머니에 넣고, 혹은 가슴에 품고 자연의 영역으로 모험을 떠나보세요. 드넓은 야생 가까이에서 지내며 숲이나 물가에서 즐겁게 웃고 떠들 수도 있죠. 도시를 떠나지 못하면 자연의 축소판에 대한 의식을 연마하면 됩니다. 작은 식물 화분조차도 삶의 풍요를 안겨줄 수 있다는 사실을 잊지 마세요!

이 풍경을 그저 지나쳐버리지 말고 함께 있음에 집중해 봅니다. 관찰력을 발휘해 자연이 주는 메시지를 수집하세요. 나무의 느린 숨결을 가만히 기다립니다. 다람쥐의 총총거리는 발걸음에도 귀를 기울여요. 손에 돌을 쥐고 굴리면서 그 돌들이 품고 있는 지구의 일생에 대한 견문을 느껴보기도 하고요. 감람석의 도움을 받아 자연과의 교감으로 물아일체를 경험하세요.

무엇이 증폭시키는가?

솔로몬 왕은 감람석으로 세공한 술잔에 '소마*soma*'라고 불리는 특별한 영약을 마셨다고 합니다. 이런 그릇에 담아내면 어떤 음료도 치유력이 더 좋아지고, 생명과 순환하는 삶의 지혜도 더 분명히 할 수 있다고 생각했어요.

전통에 따르면, 감람석은 금과 함께 쓰이고 싶어 하며, 그렇게 되었을 때 감람석의 힘이 증폭된다고 합니다.

인생에서 당신의 힘을 증폭시키는 것은 무엇입니까?

무엇이 당신을 두 배로 강하게 만들고,
두 배로 행복하게 하며, 두 배로 기분 좋게 해주나요?

그와 반대로, 당신을 약화시키는 것은 무엇입니까?
당신의 약점은 무엇인가요?

· ·

푸른 하늘을 바라봄에 즐거움이 넘친다면,
들판에 돋아난 풀잎에 감동이 느껴진다면,
자연의 소박한 일부분에서도 그 이치를 깨우칠 수 있다면,
그대의 영혼이 살아 있음에 기뻐하라.

- 엘레오노라 두세

엘레스티얼 쿼츠
ELESTIAL QUARTZ

모스 경도: 7

지구의 심장 깊숙한 곳에서 엘레스티얼 쿼츠는 고르지 않은 층으로 겹겹이 쌓여 형성됩니다. 먼 옛날 생성의 시작점에서는 아마도 '평범한' 석영이었겠지만, 수 세기를 지나는 동안 온도, 습도, 심지어 지각판의 이동과 같은 늘 존재하는 변화에 반응하면서 뜻밖의 모양과 질감으로 자연스레 바뀌게 되었죠. 삶이 우리 각자에게 하는 일이기도 해요. 받아들이는 자세가 되어 있다면, 우리 자신이 엘레스티얼 쿼츠가 될 때까지 삶은 우리 고유의 지식과 지혜를 쌓아줍니다. *"세상의 가르침을 받아들여야 해."* 할머니 돌이 속삭이는군요. *"아무나 흉내 낼 수 없는 고유의 존재로 자라렴. 지혜는 발달 과정의 부산물일 뿐이란다."*

바위와 함께하라

강력한 힘과 커다란 영향력을 가진 돌 중에는 화려하거나 매끈한 면을 가지지 못한 것도 있습니다. 우리가 (어쩌면 무시하듯이) 돌덩이라고 부르는 것들이죠. 엘레스티얼 쿼츠처럼 바위는 그다지 화려하지 않습니다.

천 년을 넘는 시간 동안 바위는 스톤 서클과 돌무덤, 고인돌, 미로를 만드는 데 사용되어 왔습니다. 바위는 무덤 입구와 교차로를 표시했고 바닷물에 씻겨 쓸려가거나, 강물에 무너지기도 했습니다. 화려한 혈통 같은 것도 없는 무기질 덩어리인 데다 어디서나 쉽게 구할 수 있어요.

밖으로 나가서 집 근처에 보이는 돌덩이 일곱 개를 모아 옵니다. 그리고 일주일간 매일매일, 그중 하나와 함께 조용히 앉아, 주목 받지 않는 이 평범한 이웃에게 귀 기울이는 동안 당신의 마음을 스치는 생각과 감정을 의식해 보세요. 이 돌덩이를 들고 명상하며 앉아 있을 때 떠오르는 생각을 적어둡니다. 일주일의 마지막 날, 매일의 기록을 비교하고 알아낸 내용을 이해해 보세요.

'엘레스티얼*Elestial*'은 석영의 생성을 묘사한 단어입니다. 석영(자수정, 황수정 포함) 계열의 어떤 결정이든지 '엘레스티얼'이 될 수 있죠.

100

지혜에 관하여

엘레스티얼 쿼츠는 여기저기 움푹 패이고 구김이 있으며, 잔금이 가고 우락부락하게 생겼습니다. 각각의 결함에는 이 지구의 역사와 지질 연대를 담고 있죠. 이론적으로는 이러한 지혜를 존중할지 모르지만, 반짝이고 단면이 매끄러운 석영 사이에 엘레스티얼 쿼츠가 자리 잡고 있으면 여전히 낯설게 보이기도 해요.

우리도 같습니다. 반짝거리고 매끈하다가 우둘투둘하고 주름살이 진 모습으로 변하는 자신을 바라보는 것은 쉽지 않을 수도 있어요. 거울 속에 마주한 사람이 낯설고 놀라울지도 모릅니다.

> 나이를 먹는다는 것은 우리가 늘 되어왔어야 하는 사람이 되는 특별한 과정이다.
> - 데이비드 보위

당신은 자신의 노화에 대해 어떻게 생각합니까?

낯선 노인을 만나면, 제일 먼저 드는 생각은 무엇인가요?

지혜를 얻는 것에 대한 당신의 관념은 그 과정을 겪은 사람들을 대하는 법을 가르쳐주나요?

투석고(셀레나이트)
SELENITE

모스 경도: 2

"내 이름은 달의 여신 셀레네의 이름을 따서 지어졌어요." 투석고가 웃음을 터뜨립니다. *"달은 어둡지만, 나는 밝아요. 빛이 반사되거나, 굴절되거나, 재배열되지 않아요. 아뇨, 나는 내면으로부터 밝게 빛나고 있어요. 나는 거울이 아니라 마르지 않는 원천이죠."* 투석고는 당신도 빛의 원천이 될 수 있음을 일깨워 줍니다. 당신 자신뿐만 아니라 주변 사람들을 위해서도 빛을 밝힐 수 있도록 당신의 에너지를 강화하세요. *"당신은 다차원적 존재예요."* 투석고가 알려주는군요. *"당신은 내면에 달과 태양과 지구의 에너지, 바람과 불과 물의 에너지를 품고 있어요. 당신은 생명이자, 생명의 붕괴이기도 해요."* 당신은 선택하지 않아도 돼요. 빛을 낼 수도 있고, 들어온 빛을 반사할 수도 있으니까요. 당신이 양극성의 사이를 흐를 때, 당신은 신성한 중심점에 이르게 됩니다.

양극성을 중히 여기는 것

페루의 의료 종사자들은 가끔 한 쌍의 돌을 사용합니다. 하나는 밝고 하나는 어둡죠. 밝은 돌은 태양과 별의 빛인 광휘를 끌어당기기 위해 사용하고, 어두운 돌은 방출해야 할 것을 내보내고 썩히는 데 사용합니다. 밝은 돌은 불이 지닌 역동적이고 창조적인 에너지이며, 어두운 돌은 땅이 지닌 토대의 단단함을 의미해요.

당신이 모은 돌 중에서, 혹은 집 마당에서 이 극과 극의 기운을 담을 밝은 돌과 어두운 돌을 고르세요.

느껴보세요.

두 개의 돌은 당신과 함께하고 싶어 하나요?

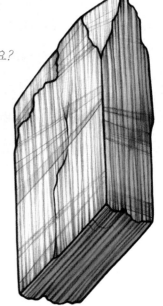

일단 돌을 구했다면, 아침에는 밝은 돌과 함께 앉아서 그것을 다가올 하루의 창조적이고 맹렬한 에너지를 불러올 중심점으로 사용하세요.

저녁이 되면 어두운 돌과 함께 앉아서 그것을 지난 하루에서 불필요한 것을 내보내는 중심점으로 사용하고, 밤이 오기까지 당신의 기운을 안정시킵니다.

양극을 갖는 것

스스로 자문해 볼 수도 있습니다. 내가 불에 더 가까운가, 아니면 거울에 더 가까운가. 우리의 뇌는 이분법적으로 기능하는 경향이 있죠. 하지만 랜턴은 불꽃과, 불꽃의 빛을 증폭하고 분산시키는 반사경의 역할 둘다를 수용할 수 있음을 생각해 보세요. 우리가 균형을 유지한다면, 우리역시 둘 다 할 수 있습니다.

당신은 안에서부터 빛나는 빛인가요?

어떤 면에서 그렇습니까?

혹은 주변 세상에서 찾은 빛을 반사하고 재배열하는 거울인가요?

어떤 면에서 그런가요?

다른 이를 위해
랜턴을 켠다면, 그 빛으로 하여
당신 자신의 길도 환해지리라.

- 니치렌, 13세기 일본 승려

황수정(시트린)
CITRINE

모스 경도: 7

황수정은 과도한 자기 성찰이나 자아도취를 참지 못합니다. *"저기 온 세상이 있잖아요."* 황수정은 당신의 관심을 주변에 가득한 것들로 인도하며 충고합니다. *"주변을 돌아보세요."* 황수정은 다시 한번 이 점을 상기시키면서, 당신이 머뭇거리며 당신 자신의 문제로부터 떡갈나무 가지에 난 작은 잎으로 시선을 돌리는 것을 지켜봅니다. 황수정도 알고 있어요. 내면의 독백과 자기 비하의 열변을 듣는 데에 익숙해져 있던 당신이 오후의 적막을 가르는 까마귀 날갯짓의 소곤거림에 귀를 기울이는 게 어렵다는 사실을요. 그래도 계속 당신을 한계 이상으로 몰아붙이다가, 당신이 서서히 자기중심적인 태도를 버리고 소박한 만족감 속으로 젖어들면 점잖게 고개를 끄덕이죠. *"세상은 풍요로 가득 차 있어요."* 황수정이 단언합니다. *"그리고 그 충만함 속에서 당신은 기쁨을 찾게 될 거예요."*

만족감을 키워라

민간에서는, 황수정을 금고에 넣어두면 부귀를 불러온다는 이야기가 전해집니다. 하지만 황수정이 불러오는 부는 삶에 대한 만족감이나 충만하게 채워진 느낌 같은 정신적인 상징입니다. 이러한 정신적인 풍요를 키우고 불러일으키기에 가장 적절한 시작점은 감사의 마음입니다.

- 감사의 마음을 생활화하면 기분을 좋게 만드는 도파민의 생산이 증가됨으로써 연쇄 반응으로 긍정의 기운이 일어납니다.
- 그리고 결과적으로 도파민은 당신의 행복 수준을 높여주면서 긍정적인 순환 고리를 생성합니다.
- 보너스! 도파민은 뇌의 중추신경계를 자극해 학습 능력에도 영향을 줍니다. 더 행복할수록 더 똑똑해진다는 말이죠!

하루 동안 횡단보도나 신호등의 정지 신호에 멈출 때마다, 막간을 이용해 방금 전의 몇 분을 돌아보고 감사한 점이 있는지 생각해 봅시다.

받아들여라

황수정은 우리가 물질적 영역의 풍요와도 이어지도록 도와줍니다. 우리가 물리적인(물질적인!) 신체에 살고 있는 만큼, 황수정은 우리가 퍼스널 스페이스라고 부르는 물리적 영역을 명확히 하는 것도 도와줍니다.

당신이 자신의 퍼스널 스페이스를 분명히 규정하고 나면, 자신이 어떤 에너지를 허용하는지 추적 관찰을 시작할 수 있습니다.

당신은 황수정의 선물인 풍요를 받기 위해 문을 열고 있습니까?

그렇지 않다면, 황수정이 가져올 수 있는

풍요와 기쁨, 만족감을 막으려 하는 건가요?

자연적으로 생성된 황수정은 매우 희귀합니다. 시중에 판매되는 황수정 일부는 사실 자수정을 열처리한 것이며, 이는 말단 끄트머리의 색이 오렌지빛 노란색으로 진해지는 것으로 쉽게 알아볼 수 있습니다.

마음의 긴장을 늦춰라

Come to Calm

방소다석(소달라이트)
SODALITE

모스 경도: 5.5~6

신경계가 이완되면, 갑자기 이전에는 모호하던 패턴이 이해되기도 합니다. 직감과 이성, 집단의식과 개인적 의견은 균형을 이루죠. 당신은 시야가 넓어지면서 자신의 지혜에 기댈 수도 있습니다. 그리고 고요한 내면에서 스스로를 믿고 세상 속에서 안정감을 느끼죠. 방소다석의 속삭임이 들립니다. *"이 모든 일이 일어나려면, 먼저 평온을 찾아야 해요. 신경 세포 가지 돌기의 미세한 움직임까지 그 모든 것을 유연하게 하세요."* 심호흡을 하고 스트레스와 의심, 마음의 동요를 날려봅니다. 긴장을 풀기 위해 적극적으로 노력하세요.

휴식을 통해 리셋하라

지중해 국가들은 휴식의 힘을 알고 있습니다. 그곳에서는 오후의 낮잠이 권장되죠. 실제로 잠을 자지 않더라도 조용하고 고요하게 쉬면서 내면의 배터리를 충전할 수 있습니다.

낮잠 시간을 정해서 개인적인 휴식 패턴을 조성해 보세요. '아차, 깜빡 잠들었네!'가 아닌, 누워서 조용히 쉬려는 의도적인 시간임을 잊지 마세요. 당신의 생활에 따라 매일의 일과에 넣을 수도 있고, 일주일에 한 번 넣을 수도 있습니다. 계획을 세워 미리 예측할 수 있도록 하세요!

당신에게 진정으로 편안함을
느끼게 하는 것은 무엇입니까?

당신은 낮잠을 침대에서 자나요?
소파, 혹은 야외의 해먹에서 자나요?

음악을 틀어 두나요? 혹은 고요하게 쉬나요?

깜깜한 어둠 속에서 쉬나요? 아니면
따스한 햇살 아래 고양이처럼 잠드나요?

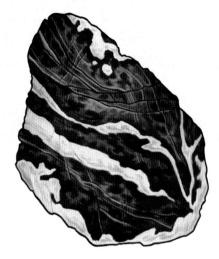

이제 낮잠 시간을 리셋 의식으로 받아들입니다. 최적의 휴식을 위한 장소를 정해두고, 의도적으로 휴식을 취하여 다시 균형을 찾아보세요.

스트레스를 받는가?

투쟁-도피 반응 모드에 있을 때는 마음이 하는 소리가 들리지 않습니다. 게다가 사실, 그건 당연하죠. 우리의 몸은 태어날 때부터 위험한 상황을 피하도록 구조화되어 있거든요(만약 신석기 시대의 여성이 검치호랑이한테 잡아먹히는 것이 자신의 다르마*dharma*인지 궁금해하며 서성거렸다면, 우리 인류는 오래 전에 멸종했겠죠).

투쟁-도피 반응은 검치호랑이를 대하기에는 아주 효과적이었지만, 현대인의 스트레스 요인에는 유용하지 않습니다. 생물학적으로 보면, 일상의 스트레스는 우리를 투쟁-도피 반응에 빠지게 합니다. 즉, 교통 체증만으로도 반응 모드로 전환될 수 있다는 얘기죠. 지속적으로 이런 일이 반복되다 보면, 당신이 그러한 상태에 빠져 있다는 사실을 깨닫지도 못하게 됩니다.

서투른 포커 플레이어가 그러듯, 우리들 가운데 대다수도 스트레스를 받을 때 나타나는 기미가 있습니다. 어쩌면 당신은 손톱을 물어뜯거나 머리를 배배 꼴 수도 있죠. 아니면 도로 위의 다른 운전자들에게 당신 말이 들리기라도 하는 것처럼, 말을 하거나 소리를 지를지도 모르고요. 당신은 자신에게 어떤 기미가 나타나는지 알고 있나요? 투쟁-도피 반응을 진정시키는 첫 단계는 당신이 그런 상태에 빠졌음을 인지하는 것입니다.

자신을 충만함으로 채워라
Fill Yourself

모거나이트
MORGANITE

모스 경도: 7.5~8

"숨을 깊이 들이마셔요." 모거나이트가 충고합니다. 새로운 방식으로 자신의 안팎과 세계를 연결함으로써 이 공간으로부터 당신 존재의 아직 탐험되지 않은 부분까지 확장할 수 있습니다. 마음을 열면, 인간계와 그 외의 세상 모두와의 관계에 깊이 파고들 수 있습니다. 모거나이트가 당신의 삶에 숨을 불어넣기 전까지는 존재하지 않았던 측면들을 찾게 될 거예요. *"자신을 완전한 상태로 만들기 위해 노력하세요."* 모거나이트가 속삭입니다. 당신이 아닌 거짓은 영혼의 진실에 의해 서서히 밀려나갈 것입니다. 이건 빠르게 끝나는 과정이 아닌, 오랜 세월이 걸리는 평생의 일입니다. 그래도 완전히 당신 자신으로 존재한다는 확신과 평온을 위해 충분히 할 가치가 있는 일이죠.

전념하라

우리는 원터치로 해결되는 문화 속에 살고 있습니다. 한 번 실행하면 다음 단계로 갈 준비가 되어 있죠. 하지만 이런 과정을 통해서는 숙달이 어려워요. 무언가에 전념할 때 필요한 힘은 키울 수 없습니다. 반복, 그리고 여기에서 유발되는 지루함을 참고 행동하는 것이야말로 성장하고 깊이를 더하는 데 필수적인 부분입니다. 반복만이 가져올 수 있는 변화를 얻기 위해 지금부터 6개월 동안 전념할 대상을 선택하세요. 예를 들면 이런 거죠.

- 매일 일출을 본다.
- 매일 아침 산책을 한다.
- 새들을 위해 씨앗을 준비하고 새 모이통을 살핀다.
- 식사에 앞서 감사 인사를 한다.
- 밤마다 하늘에서 달을 찾는다.

할 수 있는 일이 아주 많죠! 당신이 약속을 지키겠다는 마음으로 계속할 수 있는 행동을 선택하세요.

나는 늘
내가 할 수 없는
일들을 함으로써,
그것을 하는 법을 익혀 나간다.

- 파블로 피카소

무엇이 당신을
그 자리에 머물게 하는가?

모거나이트는 조심스러운 팽창 도구이며, 당신의 마음과 존재의 중추에 더 많은 공간을 창조하도록 돕습니다. 이론적으로는 훌륭하게 들리지만 실제로는 겁이 날 수도 있죠. 팽창을 위해서는 더 많은 공간을 차지하고 확보해야 합니다. 기지개를 켜는 것은 안전지대로부터 정서적, 영적, 지적, 신체적으로 뻗어나가는 것을 의미합니다.

상태를 유지하는 것의
이점은 무엇인가요?

그렇다면
뻗어나감으로써 얻는
잠재적 보상은 무엇인가요?

정박하라

Anchor In

적철석(헤마타이트)
HEMATITE

모스 경도: 5~6.5

"닻을 내리시오!" 적철석이 지시합니다. 생각이 걷잡을 수 없이 뻗어 나가든, 기운이 70도 각도 위쪽으로 솟구치든, 당신의 정신이 육체에서 해방되길 바라든 간에 적철석의 메시지는 변함이 없습니다. *"닻을 내리시오!"* 당신의 존재로 닻을 내려서 당신의 중추를 찾고 지구의 심장과 이어져 있는 자신을 느껴보세요. 행성의 중심에 있는 철 성분이 당신의 혈액 속 철분에 노래하며 당신에게 당신 자신의 뿌리를 상기시키게 하세요. 철 성분이 풍부한 이 돌의 구조가 당신의 생각을 지탱하고 당신의 감정을 고정시키게 하세요. 당신은 최선의 자아를 발휘하며 그 기운을 주변 사람들에게 전파하게 될 것입니다.

전체의 일부

뿌리는 당신이 쓰러지지 않도록 지탱할 뿐만 아니라, 어떤 문제에 끌려 다니지 않도록 막아줍니다. 당신의 뿌리는 접지봉의 역할을 하죠. 뿌리를 내리는 방법은 여러 가지입니다. 그중 하나는 혈통이죠. 혈통과의 연결은 당신이 잘 짜인 구조의 일부이며 이 길을 처음으로 걷는 사람이 아니라는 것을 일깨워 줍니다. 당신이 이미 속해 있는 계통인 가족과 선택적 공동체 등에 대해 생각해 보세요. 어쩌면 당신은 종교적인 길, 혹은 신을 따르거나 동물의 영혼과 연결되어 있다고 느낄지도 모르죠.

당신은 숲의 자손입니까, 바다의 자손입니까?

당신에게는 고대 철학자나 양자 물리학자를 따르는
지적 계보가 있습니까?

그중 무엇이든 당신이 이어져 있음을 느끼고, 그것을 자기 것으로 만들고 말하며, 자신을 이 거대한 전체의 일부로 바라보세요. 비록 당신 이전에 지나간 이들의 이름을 모르더라도 그들을 불러보세요. 당신이 조상이라고 적극적으로 받아들이고 싶은 사람에게(혹은 무엇인가에게) 편지를 씁니다. 당신이 누구이고, 어떤 사람이 되고 싶으며, 그들의 에너지가 당신의 성장에 어떤 도움이 되었는지 이야기하세요. 그리고 그들의 인도에 감사를 전하세요.

구조 이해하기

자연에 존재하는 것은 대부분 구조를 갖추고 있습니다. 돌의 결정이든, 양치식물의 나선형 잎이든, 구조는 자연계의 질서의 특성이죠. 그렇지만 구조는 구속감을 유발하기도 합니다. 촘촘하게 짜인 구조 내에서는 선택이 제한적이고, 보통 앞으로 나아갈 길이 미리 정해져 있기도 하죠.

당신의 삶 속에서 찾을 수 있는
구조를 떠올려 보세요.

당신은 구조 내에서
편안함을 느낍니까.
아니면 그것에 저항합니까?

구조에 맞서는 것은
당신을 자극하는 문제에 대한
자신의 입장과 당신 스스로를
이해하는 데 도움이 되나요?

암몰라이트
AMMOLITE

모스 경도: 3.5~4

아주 먼 옛날, 지금의 산이 바다이던 시절, 암모나이트라고 불리던 두족류 동물이 해저에서 나선형 껍데기 속에 서식했습니다. 그 껍데기는 달팽이나 소라고둥의 껍데기와 매우 닮았고 근사한 나선형이었지만, 그 외에 특별한 건 없었죠. 바닷물이 빠질 때, 이 두족류는 바다와 함께 가지 못했습니다. 그리고 한때는 바다였던 산중턱에서 화석화되었어요. 시간과 산의 지형이 가하는 압력이 화석화된 암모나이트의 화학적 성질을 변화시켜 그것을 오팔색으로 반짝거리게 만들었습니다. "*시간은 모든 것을 변화시켜요.*" 암몰라이트는 확신하죠. 당신의 삶에서 시간과 공간을 들이면 보석으로 만들 수 있는 것은 무엇인가요?

생활 주기의 분석

앵무조개 모양의 암모나이트 껍데기처럼 우리의 삶도 끊임없이 팽창하는 나선형입니다. 우리는 반복되는 순환 속에서 똑같은 일과를 거치며 자라고 발전합니다. 이는 성장의 기회일 뿐 아니라, 우리 인생의 핵심 주제가 되기도 하죠. 순환 과정의 한가운데 있을 때는 자신의 패턴을 파악하는 게 쉽지 않습니다. 그러므로 더 깊이 이해하기 위해서는 돌이켜 보는 과정이 필요합니다.

타임라인을 만드는 것부터 시작합니다. 정신적, 육체적, 감정적, 영적 성장 등등, 무엇을 기록할지 선택하세요. 이제 출생 이후로 선택 영역과 관련된 주요 사건을 기록합니다. 목록을 꼼꼼하게 작성했다면, 이제 돌이켜 보면서 패턴을 찾아봅니다.

당신의 인생을 다양한 측면에서 분석하고, 같은 과정을 반복하세요. 이렇게 쌓인 타임라인들을 비교하고 덧씌우며 새 패턴을 찾아보세요.

변성

우리는 대개 동물은 동물에, 광물은 광물에 머무른다고 생각합니다. 하지만 이것은 단기적인 관점이죠! 지질학적으로 보면 이와는 다릅니다. 소나무가 화석화되면, 굳어져서 규화목이 됩니다. 용암의 타는 액체는 굳어서 화산 유리인 흑요석이 됩니다. 우리의 뼈는 인회석이라 불리는 광물이 자라 결정체가 된 것이죠.

중세의 연금술사들은 증류, 증발, 분쇄, 가열 등을 통해 한 물질이 어떻게 다른 물질로 변형되는지 이해하려고 노력했습니다. 연금술사들이 사람을 변화시키고 찌꺼기를 연소해 더 나은 사람이 되도록 돕는 등의 근본적인 걸음을 추구함으로써 자신의 연구를 은유적으로 적용했던 만큼, 연금술은 물리과학인 동시에 자기수양의 중세 버전이었어요.

일상에서 의식적으로 변화를 깨닫기 위해 노력하세요. 물이 수증기가 되고, 종이는 재가 되는 것에 관심을 기울이세요.

어떻게 하면 이러한 변화를 은유적으로,

혹은 당신의 성장을 보조하기 위한 의식으로 활용할 수 있을까요?

집으로 돌아가는 길을 찾아라
Find Your Way Home

터키석
TURQUOISE

모스 경도: 5~6

"당신은 언제든지 집으로 돌아가는 길을 찾을 수 있을 거예요." 터키석이 장담하는군요. 아마 확신하고 있을 거예요. 실크로드를 가로지르며 카라반에 끼어 여행했고, 생과 사의 길목에서 왕족들을 호위했던 돌이거든요. 현실에서든, 꿈과 행로를 상징하는 세상에서든 알 수 없는 길을 가거나 위험하다고 느껴지는 길을 만났을 때, 터키석은 길을 찾는 도구이자, 동행이 됩니다. 당신의 영혼이 길을 잃거나 겁에 질리고 숨어버렸을 때, 터키석은 어느 정도 보호의 역할도 하죠. 인간으로서 존재하는 것에, (가끔 상충하는) 음과 양의 측면을 지니는 것에 대한 긴장으로 당신은 날개를 펼치고 싶으면서도 동시에 절대 둥지를 떠나고 싶지 않은 상태에 처하게 됩니다. 터키석은 당신의 마음을 이해하고 속삭입니다. *"걱정 말고 뻗어 나가요. 당신이 집으로 돌아가는 길을 찾는 것을 도와줄게요."*

스스로를 집이라 부르라

고대인들은 터키석에서 끝없이 푸른 하늘을 보았습니다. 그러나 이 하늘을 닮은 돌은 대지의 복중에서 태어나, 균형과 온전함, 완전무결한 경험을 이야기합니다. 터키석은 우리가 상실했거나 '하늘'에 내버려 둔 것, 즉 육체에서 불안감을 느끼거나 환영받지 못한다고 느끼며 끝없이 영적 영역을 떠도는 우리 자신의 일부를 되찾을 수 있도록 도와줍니다.

발을 골반 너비로 벌리고 서서, 머리는 하늘을 향해 들고 발끝은 흙 속에 고정시킵니다. 땅과 하늘이 뒤섞여 얼룩덜룩한 터키석의 색깔을 상상합니다. 그리고 마음속으로, 혹은 소리를 내어 말해보세요.

나는 나 자신을, 나 스스로 집이라 부른다.

이것을 당신의 온 존재로 받아들이며, 만트라처럼 반복합니다.

당신에게 느껴지는 몸의 감각이나 떠오르는 이미지를 기록하면서 생각을 자유로이 분출하고 전개해 보세요.

안락한 보금자리, 혹은 새로운 경험?

인간의 정신은 뿌리를 내리려는 욕구와 탐험에의 열정, 즉 보금자리 대 새로운 경험 사이의 역동적인 긴장감 속에 존재합니다. 우리는 의식주와 집의 익숙함을 사랑하지만, 쉽게 지루함을 느끼고 늘 다음 모험의 기회를 엿보거나 현재의 상황보다 더 나은 버전을 찾죠. 이것은 우리의 재능이자 저주입니다. 우리는 모든 것을 기꺼이 내던지고 싶은 은밀한 욕망을 품고 있으면서도, 마음속에 이러한 파멸의 씨앗이 자라도록 했다는 죄책감을 느끼기도 하죠.

당신이 자신의 욕구를
모든 면에서 검토할 수 있도록
죄책감과 두려움을 내려놓는다면,
무엇이 가능해질까요?

서로 상충하는 것처럼 보이는 긴장감과 욕구가
균형을 맞추는 데에 쓰일 수도 있음을
당신이 인정한다면, 어떻게 될까요?

다른 형태의 사랑
A Different Kind of Love

로즈 쿼츠
ROSE QUARTZ

모스 경도: 7

로즈 쿼츠가 말합니다. *"사랑은 당신 자신을 초월하고 다른 누구, 혹은 무엇과 어우러지는 능력이에요."* 다른 사람, 식물, 돌일 수도 있고, 동물이나 머리 위의 하늘일 수도 있으며, 밟고 선 흙이나 화산, 끝없이 이어지는 바다의 물결일 수도 있죠. 모두는 하나입니다. 당신은 섞이고 흐려질 때까지 자신의 모서리를 부드럽게 만들어서 세상이라는 거미줄에 자신을 엮고 리듬이 깨진 당신 인생의 조각들을 치유할 수 있습니다. *"섞이고 흐려졌다가 다시 자신으로 돌아갈 수 있어요. 당신은 곧 당신이고, 당신은 곧 우리이기도 해요."* 로즈 쿼츠가 속삭입니다. 로즈 쿼츠가 보여주는 사랑의 순간들로 당신의 현실에 대한 의식을 일깨워 보세요.

4원소의 정화

도교 전통에서는 로즈 쿼츠를 사용한 뒤, 장미 꽃잎을 뿌려 끓인 물의 수증기에 로즈 쿼츠를 통과시켜 정화합니다. 로즈 쿼츠의 정화에는 4원소가 모두 사용됩니다. 증기는 물과 불의 결합이에요. 불에는 공기가 필요하고, 공기가 없다면 꺼져버리죠. 장미 꽃잎은 흙을 상징하고요.

이 과정을 따라 당신 스스로 원기를 북돋우고 회복할 수 있습니다. 부엌에 있는 허브, 향신료를 사용하거나, 정원에 키우는 독성이 없는 식물을 사용해서 증기 목욕탕을 만드세요. 얼굴이나 다리에 증기를 쐬어주거나 손으로 뿌연 증기를 어루만집니다. 정화하고 싶은 게 무엇인지 생각하고, 상징적 의미가 있는 다른 꽃이나 허브, 향신료를 활용해 정화 과정에 특별한 매력을 더하세요!

나는…

로즈 쿼츠의 장밋빛은 심장에 영양을 공급하는 망간과 부술 수 없는 강도를 부여하는 티타늄, 뿌리를 내리고 중심을 잡는 철의 조합에 의한 것입니다. 우리 역시 각양각색의 부분들로 이루어져 있습니다. 당신의 존재를 구성하는 것은 무엇이며, 그것은 당신의 개성에 어떤 영향을 미칠까요?

고대의 시인 아메르긴은 '나는'이라고 하는 선언으로 시를 썼습니다. 이 시는 원래 게일어로 쓰였고, 많은 번역본이 있어요. 당신도 이 시를 견본 삼아, 당신이 누구인지 언명할 수 있습니다.

나는 바다에서 불어오는 바람이자, 대양에 굽이치는 물결의 물마루요.
나는 덤불에 숨은 여우이자, 절벽 위로 날아오르는 매요.
나는 이슬에 반짝이는 태양이자, 심금을 달래는 잎사귀요.
나는 호수의 고요이자, 산에서 울려 퍼지는 메아리요.
나는 캄캄하고 신비한 공간의 비밀과 달의 순환,
해가 지는 곳과 새로운 하루의 시작을 알고 있다오.

블랙 투르말린
BLACK TOURMALINE

모스 경도: 7~7.5

누군가는 보이지 않으면 존재하지 않는 거라고 말합니다. 그런데… 라디오 소리는 들리잖아요, 그렇죠? 무선 주파수는 눈으로는 볼 수 없는 파동으로 전파됩니다. 또한 많은 정보는 보이지 않는 경로를 통해 들어옵니다. 세상의 지식이 고요하고 보이지 않는 파동을 타고 모니터를 건너 우리에게 오죠. 그것은 신비롭고… 당신이 그런 것들에 민감한 편이라면 그것도 나름 시끄럽게 느껴질 거예요. 블랙 투르말린의 첫 번째 재능은 변환입니다. 과잉된 에너지를 취해 다른 것으로 바꿔주죠. 어떤 걸 변화시키는지 궁금할 거예요. 그건 당신이 결정할 몫입니다. 블랙 투르말린은 스승이자 도구일 뿐이에요. 자, 어떻게 사용하시겠어요? 한 에너지를 다른 것으로 어떻게 바꿀 건가요?

후~ 날려버려라!

인체는 블랙 투르말린의 방식과는 다른 형태로 물질을 바꾸고 변화시킵니다. 예를 들면, 우리는 이산화탄소를 내뱉어요. 이 이산화탄소는 어디에서 오는 걸까요? 우리가 섭취하는 음식에 든 탄소입니다. 이산화탄소는 포도당을 에너지로 바꾸는 과정에서 생기는 부산물이죠. 이것은 화학적 변화입니다.

많은 문화의 주술사들처럼, 당신은 상징적인 의미에서 호흡을 변화의 수단으로 사용해 필요치 않은 것을 없애버릴 수 있습니다. 방법은 매우 간단해요. 그냥 후~ 날려버려요!

- 당신이 떠나보낼 준비가 된 자신의 감정이나 측면에 집중하세요.
- 그것을 돌멩이나 나뭇가지에 불어 넣습니다.
- 이 돌이나 나뭇가지를 일주일, 혹은 달의 한 순환 주기 동안 상석에 올려두고, 떠나보내려 하는 것을 이해하고 인정하는 시간을 가지세요.
- 그런 다음 땅에 묻거나 태워서 그 기운을 땅으로 내보냅니다.

블랙 투르말린의 능력을 어떻게 증명할 수 있을까?

블랙 투르말린은 자기장을 가질 수 있는 초전기 물질이자, 압력을 받을 때 전하를 발생시키는 압전기 물질입니다. (맥락에서 벗어난 이야기이지만, 이것은 피에르와 폴 자크 퀴리 형제가 발견한 것입니다. 피에르 퀴리는 마리 퀴리의 남편이에요.) 블랙 투르말린은 또한 약한 전하를 전달합니다. 이렇게 블랙 투르말린은 우리가 에너지라고 부르는 물질과 함께합니다.

고대의 조상들은 이것을 감지했어요. 그래서 전통적으로 블랙 투르말린은 원치 않는 힘을 쫓고, 초자연적 공격을 막기 위해 사용되었습니다. 상징적인 의미에서 이것은 부정적 에너지를 끌어 모아서 중화시킨다고 하죠. 원자에서 전자가 하는 역할과 비슷하다고 볼 수 있습니다.

현대 과학 분야는 우리 우주에 대한 새로운 이야기들을 끊임없이 발견해 냅니다. 아직도 배울 것이 너무 많이 남았어요.

황당하거나 진부한 소리처럼 느껴질지도 모르겠지만,
당신이 알고 있는 것이 과학에 의해 증명되거나 확인된 것이 아니라면
당신은 스스로를 믿을 수 있습니까?

미래를 구상하라
Envision the Future

귀단백석(프레셔스 오팔)
PRECIOUS OPAL

모스 경도: 5.5~6.5

고대의 신탁은 늘 정확했을까요? 아니에요. 시간은 유동적이기에 예언에는 다소 위험 요소가 됩니다. 그러나 델포이의 제사장들이 오팔을 사용하면, 다가올 소용돌이를 감지하는 그들의 능력은 더욱 기민해졌습니다. 다른 대부분의 돌들과는 달리 오팔은 어떻게 해야 물을 담고, 쓰는지 알고 있습니다. 오팔은 시간이라는 물이 흐르거나 막히는 원리를 느낌으로써 다양한 결과와 새로운 전망을 제시합니다. 미래는 고정된 목적지가 아닌 만큼, 그곳에 도달하기 위해 어떤 길을 걸을 것인지 결정하면 다시 그 길에 따른 미래가 만들어지기 시작합니다. 오팔이 당신을 응원합니다. *"당신의 길을 선택하고 지정하세요. 그럼으로써 시간의 소용돌이에서 미래가 모습을 드러낼 테니까요."*

미래를 구체화하라

우리는 자주 미래를 기대하거나 계획합니다. 하지만 진짜 마법은 다가올 일에 대한 자신의 욕구를 그리고 구현하기 위해 당신이 모든 감각을 사용하면서부터 시작되죠.

인생에서 무엇을 향해 나아가고 싶은지 생각해 보세요. 일이나 연애, 가정생활에 관련된 것일 수도 있고, 계획하고 있는 여행이나 빚어내고 있는 창작물일 수도 있겠죠. 이제 조용히 몇 분의 시간을 흘려보냅니다. 목록이나 장부 같은 서식 없이 당신의 미래를 상상해 보세요. 그것을 마음에 새깁니다. 그리고 전반적인 세부 사항들을 의식하며 머릿속으로 미래의 하루를 걸어보세요.

이제 이 상상에 감촉과 향기, 소리를 더해보세요. 그것을 구체화하는 것이 현실에 구현하기 위한 첫 단계입니다.

잠재적인 유동성

대부분의 오팔은 사실 결정 구조를 가지지 않습니다. 결정체에서는 원자가 법칙에 따라 규칙적으로 배열되는 반면, 오팔은 규칙적인 내부 구조를 지니지 않는 비정질이죠. 하지만 프레셔스 오팔은 예외적으로 안정적인 구조를 지닙니다.

그러나 프레셔스 오팔은 정형화되지 않았을 때의 자유를 기억합니다. 유동성이 당신을 일상의 틀에서 벗어나 새로운 삶의 방식과 대체 미래, 새로운 가능성을 탐구할 수 있게 해준다는 것을 알고 있죠.

음악이
더 이상 들리지 않는다면,
우리는 리듬을 의식할 수 없다.
- 샤론 바일, 《가변성: 예술가와 활동가, 일깨우는 자들은 어떻게 변화를 이끄는가 *Changeability: How Artists, Activists and Awakeners Navigate Change*》

당신은 일상 패턴에서

자유롭게 벗어나는 편입니까?

그럴 때 어떤 기분을 느끼나요?

쓰러져도 괜찮다
Fall Apart

연수정(스모키 쿼츠)
SMOKY QUARTZ

모스 경도: 7

"나는 네가 발을 딛고 선 땅이란다." 연수정이 속삭입니다. "나는 땅속의 공동이자, 몸을 뉘일 수 있는 요람이지. 나는 소음을 잠재우고 고통을 덜어준단다. 나는 자장가로 너를 잠들게 하고 네 꿈을 감미롭게 만드는 할머니야. 나는 첫 돌을 놓을 토대이지. 나는 다른 모든 곳들이 잘못되고, 뒤틀리고 너의 세상이 몰라볼 정도로 망가졌을 때 네가 향하는 곳이야. 나는 진리란다. 나는 땅이고, 단단하며, 확고하지. 나는 너의 집이란다. 괜찮아. 이제 놓아도 돼." 연수정은 다정한 포옹이자, 따스한 차 한 잔이며, 다시 스스로를 다독이고 세상에서 강인해지기 위해 쓰러져 있어도 되는 공간입니다.

무너지는 것

연수정은 당신이 힘과 온전한 본모습을 유지하기 위해서는 쓰러져도 안전할 공간이 필요하다는 것을 알고 있습니다. 당신은 자신을 고통스럽게 하는 것을 그냥 지나치지 않고, 대면하고 흘려보냄으로써 회복할 수 있습니다.

저녁이 되면, 안전한 장소를 찾아 낮 동안 당신을 짓누르던 기분이나 생각들을 표면화하세요. 그런 감정은 어쩌면 하찮거나 사소해 보일 수도 있어요. 예를 들면, 시장에서 잔돈을 하루 종일 세고 있던 사람에 대한 짜증이나, 동네에서 당신을 거칠게 대하던 이웃에 대한 분노 같은 거죠. 지금은 무엇이 '올바른' 감정인지 배우는 시간이 아닙니다. 당신이 생각한 그대로 느끼고 기록하세요.

모든 것을 정면으로 대면하고 나서, 그것을 어떻게 내려놓아야 할지 선택합니다. 기록한 종이를 태우거나 묻을 수도 있고, 몸을 힘껏 흔들 수도 있으며(털이 흠뻑 젖은 강아지처럼요!), 그것이 사라지는 모습을 상상할 수도 있습니다. 이것은 낮부터 악화되었던 것들을 해소하고 숙면을 취하기에 굉장히 좋은 방법입니다.

안전하다고 느끼는 것

안전하다고 느끼는 공간이 있으면, 우리는 신경계가 긴장을 풀고 안정을 취하게 함으로써 현대인의 삶에서 쉽게 야기되는 투쟁-도피 반응 모드에서 벗어날 수 있습니다. 당신에게는 나약한 모습으로 있어도 안심이 되는 공간이 있나요? 이곳은 장소일 수도 있고, 사람일 수도 있습니다. 혹은 닫혀 있던 무언가를 깨트려서 당신을 무너뜨리는 노래가 될 수도 있죠. 당신은 하루 동안 쌓인 부담을 내려놓기 위해 규칙적으로 이 공간을 찾습니까? 아니라면, 왜 그러지 않는 거죠?

취약성은 사랑과 소속감, 기쁨, 용기,
공감과 창의성의 근원이다.
또한 그것은 희망과 공감,
책임감과 진정성의 원천이다.
목적의식을 더 명확히 하고 싶거나
정신적으로 더욱 깊이 있고
유의미한 삶을 살고 싶다면,
먼저 자신의 취약성을 인정하라.

- 브레네 브라운, 《마음가면 *Daring Greatly*》

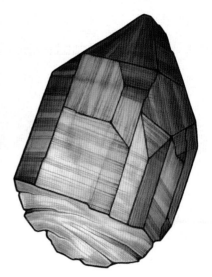

그린 플루오라이트
GREEN FLUORITE

모스 경도: 4

감정의 홍수가 당신을 덮치는 순간, 그린 플루오라이트는 당신에게 이렇게 자문하라고 합니다. '이거 내 건가?' 당신이 괴로워하거나 기분 나빠 할 때도 같은 말을 하죠. 조용히 자문해 봅시다. '이거 내 거야?' 우리 모두는 주변 세상에서 에너지를 얻습니다. 이 영광스러운 생물망의 일부가 되는 데 따른 보상이죠. 이 생물망에서 우리는 덩굴손을 뻗어 늘 접촉하고, 맛보고, 시도해 보려 합니다. 우리가 양분과 감정, 독소, 병원균, 햇빛(그리고 모든 것!)을 우리 밖에서 받아들임으로써, 자아의 경계는 모호해집니다. 우리 안으로 유입되는 것들을 분류하고, 무엇이 당신의 최고선에 도움이 되는지 살펴서, 그 나머지는 버릴 수 있어야 해요.

나와 내가 아닌 것

당신이 고통이나 감정의 원인을 도무지 찾을 수 없을 때, 그린 플루오라이트는 간단한 의식을 권합니다. 물질적인 것이든, 감정적인 것이든 현재 당신 삶의 맥락에서 벗어난 것 같은 무언가가 느껴진다면 잠시 멈추고 조용히 자문해 봅시다. '이거 내 거 맞나?' 만약 그것이 당신의 것이 아니라면, 당신에게 얽혀 있는 그것을 살살 풀어서 내보내는 상상을 해보세요.

감정 이입을 하는 사람들(정도의 차이는 있으나, 우리들 대다수가 그렇죠)은 무의식중에 타인의 고통이나 감정을 이해합니다. 일단 우리가 그것을 느끼거나 표현하고 나면, 우리는 그것이 마치 우리의 일인 것처럼 생각하기 시작하죠. 만약 타인의 고통을 붙드는 것을 자신의 의무처럼 느낀다면, 이것을 분간할 줄 알아야 합니다.

놓을 수 있는가?

우리는 본능적으로 무언가를 간직합니다. 우리는 어쩌면 이것을 혹독한 겨울이 와서 다 말라버릴 것을 대비해 묻어두고 있거나, 다시는 느끼지 못하게 될 경우를 대비해 쥐고 있는지도 모릅니다.

당신은 무엇을 숨기거나 붙잡고 있나요? 그것은 당신에게 도움이 되나요? 그것은 당신을 더욱 행복하거나 안심할 수 있게 해주나요? 혹은 더 피곤하게 하거나 더 만족스럽게 하나요? 그것을 놓아버리면 어떨까요? 이것이 없으면 어떤 기분이 드나요? 당신이 자문해 봐야 할 질문을 그린 플루오라이트가 상기시키네요.

이거 진짜 내 거 맞아?

나는 무언가를 바라는 일에 신물이 났다.
그냥 강(허리 정도 깊이)에 들어가서,
물살이 내 주위를 흐르게 하는 게 낫다.
나는 물의 흐름을 느끼는 것을 좋아한다.
그것은 매우 강력하다.
하지만 이제 더는 강물을 막으려 하지 않는다.
나는 지나가는 것들을 잡으려고 하지 않는다.

- 로버트 헬렌가, 《식스틴 플레저스: 열여섯 가지의 쾌락*The Sixteen Pleasures*》

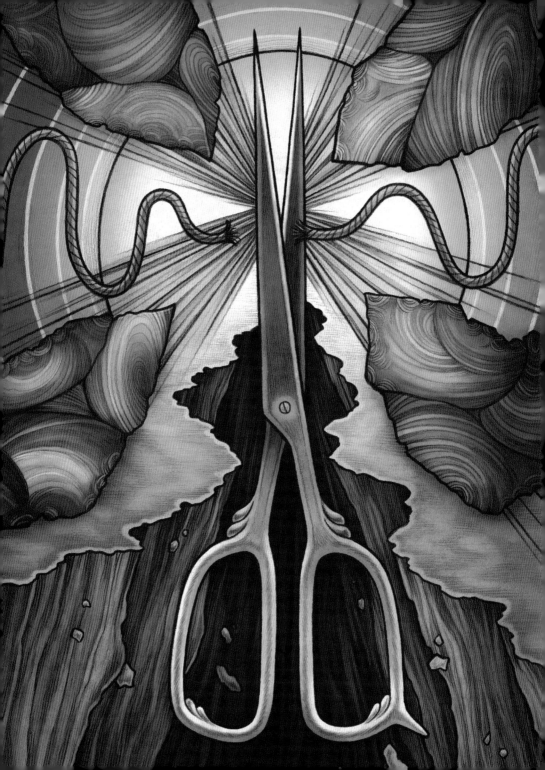

날카로운 것과 그늘
Sharp and Shadows

흑요석
OBSIDIAN

모스 경도: 5~5.5

일단 분명히 해두기로 해요. 흑요석은 상냥한 친구는 아니에요. 꼼꼼하냐고요? 그렇죠. 노련하냐고요? 늘 그렇죠. 치타가 가젤을 쓰러뜨리는 것보다 재빠르냐고요? 물론이죠. 하지만 상냥하냐고요? 그건 흑요석의 영역이 아니에요. 타협 없는 반사경이자, 정밀하고 예리한 칼날인 흑요석은 당신이 자신의 그늘을 보고 잘라낼 수 있게 도와줍니다. 너무 오랜 시간을 끄는 치유 과정이나 기나긴 동요는 없습니다. *"어차피 놓아야 할 시간이라면, 천천히 신중하게 한다고 해서 더 다행스러울 것도 없어요."* 흑요석이 이야기합니다. 흑요석은, 그 자체로 안도감을 줄 때도 있습니다. 자신의 그늘을 명확히 볼 수 있는 정직함 같은 것이 필요할 때, 최종적으로 완전히 끊어낼 준비가 진정으로 되었을 때, 빠르게 놓아버리고 싶을 때, 흑요석을 찾으세요.

속박 끊어내기

흑요석은 석기 시대부터 날카로운 날이 필요할 때 사용되어 왔습니다. 외과 의사들은 일반 외과용 메스보다 더 날카로운 칼날이 필요할 때, 여전히 흑요석 메스를 사용한다고 해요.

자연 법칙에 따라 관계나 일, 가정으로부터 나아가는 동안에도, 간혹 우리는 과거의 감정적, 정신적 일부를 계속 놓지 않죠. 상징적인 의미에서도 흑요석은 줄을 끊어내는 데에 완벽한 협력자입니다.

눈을 감고 몸의 어느 부분에서 그러한 속박이 아직도 느껴지고 있는지 자문하는 것이 시작입니다. 처음에 떠오르는 느낌을 받아들이고 너무 오래 생각하지 마세요. 어쩌면 당신은 그 집착의 대상이 누구인지, 혹은 무엇인지 알고 있을 테지만, 그렇지 않다고 해도 괜찮습니다. 당신이 찾는 어떤 속박이든 끊어낼 준비가 되었는지 자문해 보세요. 그렇다는 대답이 나오면 자신의 손을 흑요석 칼날이라고 상상하며 그것으로 속박을 끊어냅니다. 이 또한 감정적, 혹은 정신적인 수술이니, 회복되는 동안 자신을 조심스럽게 대해주세요.

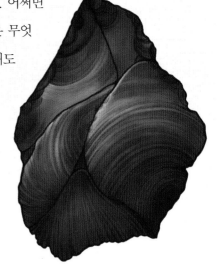

충격, 그로 인한 날카로움

흑요석은 용해 상태의 화산 유리가 빠르게 식는 과정에서 가해진 충격으로 생성되었습니다. 사실 그 과정은 너무 순식간이었으므로, 분자들이 결정 행렬로 구성될 시간이 없었죠(그래서 실제로 흑요석은 결정질 광물이 아닙니다). 흑요석의 경우처럼, 우리도 극단적인 상황에서 트라우마를 겪는다면 혼란스러운 상태로 얼어버릴 수도 있습니다. 체계적이지 않은 생각과 예민하고 신랄하며 방어적인 반응만 남아 있을지도 모르죠.

인생에서 당신의 성격에 균열을 만든 사건은 무엇인가요? 흑요석의 지칠 줄 모르는 솔직함으로 그 순간들을 다시 떠올려 보면 어떤 일이 일어날까요?

흑요석의 날카로움을 누그러뜨리기 위해 금빛이나 은빛, 혹은 무지갯빛 광이 들어간 흑요석을 쓰세요. 위의 세 흑요석은 가스 기포가 표면을 가로지르듯 가지런히 정렬되어 있어 이 기포 층에 은유적으로도 푹신한 느낌을 더할 수 있죠. 블랙 투르말린의 경우처럼 당신의 호흡을 해방의 수단으로 사용하고 싶다면 눈꽃 흑요석을 찾으세요.

심장 박동을 치유하라
Heal Your Heartbeat

장미 휘석(로도나이트)
RHODONITE

모스 경도: 5.5~6

마음이 평온하고 중심이 잘 잡혀 있다고 느낄 때, 심장도 고른 리듬으로 뜁니다. 고른 심장 박동에 귀를 기울이는 것은 자기진정 작용을 해서 당신이 자신의 개인적 리듬을 기억하는 데에 도움이 되죠. 당신이 불안함을 느낄 때, 특히 끊임없이 불안해할 때는 당신의 심장도 버벅거리듯 뛰거나 팔딱거립니다. 잘 놀라는 심장은 당신을 더욱 깊은 불안과 고뇌로 보내버립니다. 그러나 문제가 되는 것은 심장이 아닙니다. 문제는 더 깊은 곳에 있어요. 그것은 불안감을 야기하는 원인인 취약성에서 기인하죠. *"가슴에 손을 얹으세요."* 장미 휘석이 알려줍니다. *"눈을 감고 심장 박동을 느껴보세요."* 일단 자신과 박동을 맞추고 나면, 무엇이 불안을 키우는지 마음에 물어보세요. 마음을 치유하기 위해서는 먼저 당신이 세상에서 느끼는 불안이 어떤 면에서 비롯한 것인지 파악해야 합니다. 이제 그 첫발을 내디딜 시간입니다.

에너지를 봉쇄하라

장미 휘석은 모든 상처를 치유할 때 사용됩니다. 장미 휘석이 균열을 막고 새는 틈을 봉쇄하기 때문에 당신은 온전해지는 법을 기억할 수 있습니다. 당신의 에너지체_energy body_가 얇아지거나 해어지면 에너지가 새어나갈 균열이 생기겠죠. 이 구멍들로 인해 당신은 외부의 영향에 취약해질 것입니다. 외부의 자극은 당신의 에너지를 서서히 빨아들이고 당신을 어지럽게 하거나 나약하게 만들고 공황 상태에 빠뜨릴 거예요.

에너지는 의지를 따르기 때문에, 당신은 적극적인 상상으로 에너지를 봉쇄할 수 있습니다. 먼저 도구를 선택하세요. 바늘과 실로 구멍을 꿰매는 모습을 떠올릴 수 있나요? 강력 접착테이프를 붙이는 상상이 더 쉬운가요? 예쁘거나 복잡하지 않아도 됩니다. 그저 진짜처럼 느껴지면 돼요.

이제 눈을 감고 어디에서 에너지가 새는지 당신이 알고 있다고 상상해 보세요. 한 번에 구멍 하나씩 봉쇄하고 장미 휘석이 치유 과정을 돕게 하세요.

마음 치유

어떤 감정은 강가의 바위처럼 매끈하고 난롯가의 돌처럼 따스합니다. 이것은 우리가 소중히 여기고 되찾고자 하는 감정이며, 세상의 선함과 생의 기쁨을 우리에게 상기해 주는 감정입니다.

하지만 또 어떤 감정들은 거칠고 삐죽삐죽해서 우리가 의식적으로 그것들을 놓아버릴 때까지 계속해서 우리를 찌르고 다치게 하죠. 분노나 적의가 이러한 감정인데, 이런 감정이 커지면 상처가 생기고 에너지가 새어나가게 됩니다. 혹여 본래의 상처는 다른 사람에 의해 촉발되었을지라도, 당신이 이런 발톱을 내세우는 감정들을 억누르기만 한다면 스스로를 해치고 마음에 상처를 입히게 되죠. 만약 당신이 누군가, 혹은 무언가의 속박에서 벗어나야 한다면, 152쪽, 흑요석의 의식을 확인해 보세요.

> 저는 보통 슬픈 노래를 부르면 상황이 나아지는 것 같아요.
> 슬픈 노래는 상처를 어둠 속에서 끄집어내 환한 빛 속에 시원하게 드러내거든요.
> - 레바 매킨타이어

지금도 곪고 있는 오래된 상처가 있나요?

치료가 필요한 상흔은 무엇인가요?

어떤 공포나 적의가 당신을 내면으로부터 고통스럽게 합니까?

백수정
CLEAR QUARTZ

모스 경도: 7

고대 아시아에서는 수도승들이 하는 기도의 힘을 모으기 위해 백수정을 사원 밖에 놓아뒀다고 해요. 부화를 기다리는 알, 불리길 기다리는 노래… 백수정은 그릇이자, 자궁이며, 잠재력을 의미하죠. 고대의 치료사들은 이것을 알고 있었어요. 그래서 그들은 백수정을 지팡이로 사용해서 자신들이 내면에서 일으킨 에너지를 증폭시키고 운용했다고 해요. 백수정이 묻습니다. *"신성한 도구가 그렇게까지 필요하지 않다면 어떤가요? 그냥 자신이 품은 의도를 발전시키고 당신의 의지로 그것을 운용하면서 효과를 증폭시키는 방법을 배우기만 하면 된다면 어때요?"* 당신은 무엇을 만들어낼 수 있습니까? 어떤 문제를 해결할 수 있죠? 만약 당신에게 집어 들어야 하는 유일한 것이 백수정뿐이라면 대신 뭘 내려놓을 수 있나요?

중화하라

다른 사람들로부터 들어오는 에너지가 당신을 괴롭게 한다면, 백수정이 당신을 도울 수 있습니다.

- 작은 크기의 결정체나 펜던트로 착용할 수 있는 백수정을 고르세요.
- 아침 시간, 당신이 종일 접하게 되는 과잉 에너지를 당신의 백수정 결정으로 보내겠다는 의도를 품습니다.
- 매일 저녁이면 결정을 소금을 깐 바닥에 올려두고 밤사이 리셋해 주세요.

이 과정은 컴퓨터를 초기화 상태로 재부팅하는 것과 같습니다. 버그와 결함은 지울 수 있지만, 의도적으로 추가해 둔 것도 잃게 되죠. 이 의식에 사용하는 결정체가 이것 하나인지 분명히 해두세요. 날마다 하루를 마무리할 때는 리셋 과정을 진행해야 하니까요.

소금을 쓰지 못하는 결정도 있습니다. 혹시 이 과정에 다른 결정들을 함께 쓰려면, 먼저 그것이 소금을 다룰 수 있는 돌인지 확인하세요.

무엇을 리셋해야 하는가?

땅에서 아직 다듬어지지 않은 백수정을 집어 들면, 깨끗하고 공허하며 중립적인 느낌이 듭니다. 그것은 잠재적인 가능성으로 가득 차 있죠. 이와 같이 공간과 사물, 태도도 중립 상태로 되돌리면 새로운 것이 될 수 있는 잠재력이 생깁니다.

당신의 삶에서 리셋해야 하는 것은 무엇입니까? 어쩌면 책상이나 제단 같은 물리적 공간일 수도 있고, 신념이나 확신일 수도 있겠죠. 만약 당신이 삶의 한 측면을 '초기화'할 수 있다면, 무엇을 선택하겠습니까?

> 자신의 길을 스스로 선택할 권리는 신성한 특권입니다. 그 권리를 활용해요. 가능성에 깃들어 살아가세요.
>
> - 오프라 윈프리

이 리셋 과정이
어떻게 당신의 삶에서
더 많은 선택권을 가능하게 할까요?

크리스털 오라클카드를 다루는 방법

처음 카드를 꺼내면, 시간을 들여 카드와 친해져야 해요. 눈과 마음으로 천천히 그림을 훑어보세요.

정화의식이 익숙하다면 세이지나 팔로산토, 삼나무나 향모 등을 사용해서 카드를 정화하고 차후 어떤 용도로 사용할 것인지 의도를 설정해 보세요. 그것으로 카드와의 관계를 시작합니다. 이제 마음을 열고 자신을 소개하세요.

크리스털 오라클카드는 핵심 가치와 영적 진리, 대면할 준비가 된 과거의 트라우마를 이야기할 때 유용합니다. 카드는 당신이 지금까지 어떤 사람이었고 앞으로 어떤 사람이 되고 싶은지 탐구해 보는 데에 도움이 될 것입니다.

또한 이 책을 읽는 동안, 당신은 각각의 결정에는 에너지 스펙트럼이 있다는 것을 알게 될 거예요. 예를 들면, 적철석은 뿌리내리고 고정하는 것에 관해 이야기하죠. 일상에서 당신은 자신이 차분하게 잘 고정되어 있다고 생각할 수도 있고, 그렇지 않을 수도 있어요. 적철석 카드를 뽑는다면, 그런 측면에 주의를 기울여서 당신이 스펙트럼의 어느 부분에 있는지(뿌리를 아주 잘 내리고 있는지, 혹은 떨어지기 쉽고 들떠 있는지) 가늠해 볼 수 있어요.

> 인생에서, 그리고 자신의 마음에서 무엇이 진짜인지 알기 위해 마법을 받아들여야 할 때도 있어요.
>
> - 세라 애디슨 앨런

원 카드 배열법

카드 덱을 사용하는 가장 간단한 방법은 당신의 인생에서 특정한 주제나 풀기 어려운 문제 하나에 마음을 집중하고 카드를 섞을 때 이 생각을 유지하는 것입니다. 준비가 되었다고 느껴지면 카드 한 장을 고르세요. 이때 덱의 맨 위 카드를 끌어오라고 말하는 사람도 있지만, 저는 카드를 부채 모양으로 펼치고 그 가운데 당신의 마음을 끄는 카드를 선택하는 것이 도움이 된다고 생각합니다.

또한 부드러운 시선으로 카드의 그림들을 살피면서, 이 순간 당신이 집어야 할 카드라고 직관적으로 느껴지는 광물을 선택할 수도 있습니다.

카드를 한 장 뽑고 나면 집단무의식(의미와 상징의 세계)의 문이 열립니다. 여기에서 당신은 자신의 생활 환경이나 개성의 측면들에 대한 새로운 접근법이나 사고방식을 얻게 될지도 모릅니다. 저는 카드를 예언이 아니라 계시라고 생각하는 게 더 유용한 것 같아요. 계시는 당신의 자유의지와 바뀔 수 있는 여지를 인정하지만, 예언은 미래를 창조할 수 있는 당신의 능력을 부정하니까요. 카드는 그저 당신이 이 세계에 가까워지는 것을 돕는 도구일 뿐이라는 걸 잊지 마세요. 당신의 통찰력도 저만큼 가치 있는 것이니, 당신의 직관이 자유로이 노래하도록 하세요!

2카드: 엇갈림

카드 덱을 사용하는 또 다른 방법은 먼저 당신을 상징하는 카드 한 장을 뽑은 다음, 무엇이 당신을 방해하는지 보여주는 카드를 한 장 뽑는 것입니다.

당신을 가로지르는 카드는 당신이 꼼짝 못하고 있는 공간, 혹은 아마도 당신이 명확히 보지 못하는 상황을 인지하고 통찰할 수 있게 합니다. 카드는 또한 당신 생각의 잘못된 부분을 나타내거나, 당신이 생각하고 있는 이야기에 변화가 필요하다는 의미일 수도 있습니다.

3카드: 깊이 파고들기

돌은 내핵, 맨틀, 지각이라는 지구의 세 층에서 생성됩니다. 이 상징을 활용해 당신의 삶에서 하나의 특정 상황이나 문제에 대해 깊이 파고들어 보세요.

- **당신이 뽑은 첫 번째 카드는** 상황의 표면적인 단계를 반영합니다. 이것은 당신이 이미 의식하고 고려하고 있는 것이거나, 잠시 멈춰 서서 한층 주의를 기울일 때만 알 수 있는 것일 수도 있습니다.
- **두 번째 카드는** 당신을 약간 깊이 파고들면서 당신에게 원인과 결과를 보여줍니다. 이 카드는 상황이 당신에게 정서적으로 어떤 영향을 미치고 있는지 보여줍니다.
- **세 번째 카드는** 문제의 핵심, 즉 상황이 더 진행되거나 결론이 나기 전에 드러나야 할 진상을 밝혀냅니다. 이것은 당신이 의식적으로는 아직 깨닫지 못하는 진실일 때가 많습니다.

각 카드의 리딩은 당신이 바로 이 순간에 알아야 할 것을 반영하고 있다는 점을 기억하세요. 변화는 끊임없이 계속되는 것이며, 어떤 리딩도 영원하지 않습니다. 카드를 활용해 당신 자신, 그리고 주변 세상과 계속 소통하면서 관계의 깊이를 더하세요.

참고 자료

거듭 반복하지만, 제 책의 첫 번째 자료는 돌이었습니다. 돌을 벗 삼아 조용히 앉아 당신의 기분과 당신의 마음에 떠오르는 것들에 집중하세요.

저는 전통 문화와 역사에 흥미가 많아서 돌에 관한 구전 지식을 얻기 위해 아주 오랜 시간을 들여 인터넷을 샅샅이 살폈습니다. 허드슨 광물학 연구소는 굉장한 웹사이트(mindat.org)를 운영하고 있고, 국제 보석 협회의 웹사이트(gemsociety.org)도 제가 찾는 지식과 이야기들을 가득 담고 있습니다.

가장 도움이 된 참고 자료 일부는 보석 전시회와 광물 전시회에서, 그리고 도교와 동양 의학 계통의 스승들을 통해 구두로 전해들은 것입니다. 혹 기회가 닿는다면, 도교 사제 제프리 웬*Jeffrey Yuen*이나 그의 제자 세라 토머스*Sarah Thomas*의 강의를 들어보세요. 세라는 예부터 전해 내려오는 지식들을 오늘날에 적용할 수 있도록 만드는 데 대단히 뛰어나죠. 같은 계보의 또 다른 연구가인 레슬리 프랭크스*Leslie Franks*는《광물 의학*Stone Medicine*》이라는 책을 썼습니다. 다른 계보의 도교 사제인 제리 앨런 존슨*Jerry Alan Johnson* 박사는 시간을 들여 읽어볼 만한 책을 몇 권 썼죠.

제가 이 책을 쓰는 동안 제 책상 위에는 책 두 권이 함께였어요. 하나는 멜로디의《사랑은 지구에 있다: 끊임없이 변화하는 결정들*Love Is in the Earth: A Kaleidoscope of Crystals*》, 다른 하나는 마이클 진저의《결정의 힘, 결정의 치유력*Crystal Power, Crystal Healing*》이었죠.

그리고 마지막으로, 저는 DK의 비주얼 박물관 시리즈를 즐겨 읽어서, 시리즈 중 광물을 주제로 한 책 몇 권을 케이트에게 보내 그녀가 일러스트를 그리는 데 도움이 되도록 했습니다.

제 전작(《The Illustrated Bestiary》)에 감사의 글을 실은 게 엊그제 같은데 이렇게 후속 권이 출간되네요. 얼마 전, 앤드루와 산책 하면서 제가 물었어요. "감사의 말 코너에 새로운 얘기를 쓰려면 어떻게 해야 할까?" 하지만 그 말을 뱉는 순간, 저는 중요하고 놀라운 존재를 잊고 있었다는 걸 깨달았 어요. 바로 여러분이죠! 이 책들은 여러분 없이는 존재할 수 없었을 거예요. 제가 책 을 쓰기 시작할 때는 이 시리즈가 어떻게 받아들여질지 가늠하기 힘들었어요. 하지 만, 반응은 상상 이상이었죠. 그렇기에 여 러분이 어디의 누구든 제 가닛과 모거 나이트로 덮인 마음속 깊은 곳에서 우러 나오는 감사를 표합니다. 이 책들을 쓰는 일은 누구나 살면서 경험하길 바라는 굉 장한 모험이었고, 저는 아직도 여전히 아 침에 눈을 뜨며 놀라죠. "어머나, 내가?" 그리고 어마어마하게 큰 고마움을 전합니 다. 케이트, 예술 작품 고마워요! 일러스 트 하나하나에 애정과 에너지를 듬뿍 쏟 아줘서 정말 고마워요. 같은 출판사에서 같은 팀과 여러 권의 책을 계속 작업하고 있다니, 굉장한 일이에요. 여러분 모두 감 사드려요. 이 책들이 많은 사람의 손에서 빚어지는 창작물이라는 걸 점점 더 깨닫 는 중입니다. 여러분 모두가 이 책들이 세 상 빛을 볼 수 있게 해주신 거예요. 데보 라, 리즈, 제시카, 알리, 그리고 뒤에서 힘 써준 모두들, 정말로 감사합니다.
문학 에이전시 프레즌트 퍼펙트 뎁트*Present*

*Perfect Dept.*의 담당 에이전트 로라 리 매팅리 에게도 깊은 감사를 표합니다. 제가 계획 을 좀 짰는데… 로라는 아마 놀라지 않을 거예요!
제가 말도 안 될 정도로 순탄하게 작가가 될 수 있었던 건, 훌륭한 새년 세이어가 모 든 일을 책임지고 맡아 준 덕분이었습니 다(정말 감사의 말 한 번으로는 부족하니까 앞 으로도 계속 할게요).
세라 토머스, 캐럴라인 패드짓, 그리고 돌 연구자 여러분. 바위 이야기에 열광하고 고대의 가르침으로 지식을 쌓으면서 세라 의 진부한 농담에 웃고 캐럴라인과 함께 명상의 매력을 맛보는 일은 제게 완벽한 주말이었답니다.
히비스커스 문 크리스털 아카데미*Hibiscus Moon Crystal Academy*의 스테파니, 실용적인 코스 를 만들어주셔서 감사해요. 저한테 필요 한 거였어요(그리고 책도요!).
다른 책을 쓰는 지금도 저는 아직 '나는 책을 쓰고 있으니까, 샤워하거나 옷을 입 을 필요가 없어' 같은 유혹에 굴복하지 않 았습니다. 이건 레베카와 캐밀, 페이지, 애 쉬, 메리앤 덕분이죠. 여러분은 주 5일 근 무를 하고 있어서 점심 약속이 얼마나 의 미 있는 일인지 모르겠지만, 그게 날 미치 지 않게 해주거든요.
그리고 매일 제가 최선의 자아를 실현할 수 있게 도와주는 앤드루에게 언제나 늘 고마운 마음이에요.
포옹과 키스를 담아…

마이아 톨
MAIA TOLL

가족들은 마이아의 입에서 나온 첫 단어가 '말*Horsey*'이었다고 합니다. 그것은 재미있는 이야기이자, 자연계의 에너지와, 정신과의 연계에 집중하는 그녀의 삶에 어울리는 훌륭한 설정입니다. 마이아는 유기농 농장에서 일하면서 치유 기술을 배우고 아일랜드의 한 주술 치료사와 함께 훈련했습니다. 그녀는 대학, 병원, 그리고 페루의 정글에서도 식물 의학을 가르쳤습니다. 2005년 필라델피아에서 작은 허브 약재상을 열었고, 그때부터 꾸준히 성장해 온 가게는 그녀가 남편 앤드루와 함께 운영하고 있는 지금의 허비아리*Herbiary*가 되었습니다. 마이아의 첫 책은 2018년도에 출판된 《The Illustrated Herbiary》이고, 두 번째 책은 2019년도에 출판된 《The Illustrated Bestiary》입니다. 마이아는 카드 리딩을 하거나, 돌에게 '이야기'를 하거나, 차를 마시는 데에 푹 빠져 있어요. 그 외의 시간에는 maiatoll.com의 전 세계의 팔로워들을 위해 깨우침을 주거나 글을 쓰죠. 그녀는 여성들이 깊은 교감과 정신력, 내적 지식을 쌓도록 돕고 있습니다.

THE ILLUSTRATED CRYSTALLARY by Maia Toll, Illustrations by Kate O'Hara
Text © 2020 by Maia Toll
Illustrations by © Kate O'Hara
Author photo by © Emily Nichols Photography
Korean translation rights © 2021 Hans Media
Korean translation rights are arranged with Storey Publishing LLC through AMO Agency Korea
All rights reserved

CRYSTALLARY
크리스털 오라클

1판 1쇄 인쇄 | 2021년 10월 06일
1판 1쇄 발행 | 2021년 10월 18일

지은이 마이아 톨
일러스트 케이트 오하라
옮긴이 송민경
펴낸이 김기옥

실용본부장 박재성
편집 실용1팀 박인애
영업 김선주
커뮤니케이션 플래너 서지운
지원 고광현, 김형식, 임민진

디자인 제이알컴
인쇄 · 제본 민언프린텍

펴낸곳 한스미디어(한즈미디어(주))
주소 121-839 서울시 마포구 양화로 11길 13(서교동, 강원빌딩 5층)
전화 02-707-0337 | 팩스 02-707-0198 | 홈페이지 www.hansmedia.com
출판신고번호 제 313-2003-227호 | 신고일자 2003년 6월 25일

ISBN 979-11-6007-730-8 13180